Printed in the United States
By Bookmasters

البدو في فلسطين: الحقبة العثمانية

البدو في فلسطين: الحقبة العثمانية

1914 -1516

الدكتور محمد يوسف سواعد

محاضر في العلوم الاجتماعية في
الكلية الأكاديمية الجليل الغربي وكلية غور ألأردن

2008

رقم الإيداع لدى دائرة المكتبة الوطنية (2008/4/1182)

رقم التصنيف : 956.4
المؤلف ومن هو في حكمه : سواعد، محمد يوسف
عنوان المصنف : البدو في فلسطين: الحقبة العثمانية / محمد يوسف سواعد.- عمان : دار زهران 2008.
الواصفات : / تاريخ فلسطين // البدو// القبائل // العثمانيون /
رقم الإيداع : (2008/4/1182)
بيانات النشر : عمان دار زهران
* تم إعداد البيانات الفهرسة والتصنيف الأولية من قبل دائرة المكتبة الوطنية

ISBN 978-9957-504-00-7 (ردمك)

المتخصصون في الكتاب الجامعي الأكاديمي العربي والأجنبي
دار زهران للنشر والتوزيع
تلفاكس : 5331289 - 6 - 962+، ص.ب 170 عمان 11941 الأردن
E-mail : Zahranco@maktoob www.darzahran.net

الإهداء

إلى والدي .. فهدة ويوسف

إلى أولادي فلذات كبدي .. بشرى، هبة، بشار

إلى زوجتي العزيزة .. سارة

المحتويات

المدخل 11

الفصل الأول: البداوة، الهجرة، والاستيطان في فلسطيـن 17

1. البداوة وطبيعتها 17
2. الهجرات والغارات البدوية إلى فلسطين.................................... 22
2.أ. فلسطين في حدود الصحراء 22
2.ب. الهجرات البدوية إلى فلسطين.. 23
3. القبائل والعشائر البدوية الكبرى في فلسطين في نهاية الحقبة العثمانية 26
مصادر الفصل الأول 39

الفصل الثاني: العلاقات العثمانية- البدوية في القرن السادس عشر 41

مصادر الفصل الثاني 47

الفصل الثالث: البدو والصراعات على الزعامة في القرن السابع عشر 49

1. معركة نهر العوجا (أيلول 1623) 53
2. معركة يافا (1624) 54
مصادرالفصل الثالث 59

الفصل الرابع: الزيادنة وحكمهم في شمال فلسطين في القرن الثامن عشر 61

1. أصل الزيادنة... 61
2. حادثة سلامة وظهور الزيادنة على المسرح السياسي 62
3. فترة حكم ظاهر العمر (1706-1775) 65
مصادر الفصل الرابع 73

الفصل الخامس: البدو في فلسطين (1804-1830) 75

1. البدو وسكان المدن والقرى 75

2. تحكم البدو بالطرق 81

3. آل ماضي وسلطانهم على حيفا وعتليت ونابلس (1804-1830) 82

مصادر الفصل الخامس 85

الفصل السادس: البدو إبان الحكم المصري (1831-1840) 90

1. المعارضة والتمرد على الاحتلال (1834) 90

2. سياسة المصريين تجاه البدو 96

مصادر الفصل السادس 103

الفصل السابع: البدو في الفترة بين (1840-1875) 109

1. مرحلة الانتشار والشغب 109

2. البدو في حرب قيس ويمن 118

3. العلاقة مع السلطات (1840-1875) 122

مصادر الفصل السابع 131

الفصل الثامن: عقيل آغا الحاسي 138

1. ظهور عقيل آغا الحاسي كشخصية مؤثرة في البلاد 138

2. أفعال عقيل الحاسي 139

2.أ. الانشقاق داخل الطائفة اللاتينية في الناصرة 140

2.ب. عقيل يرافق بعثة لينتش 1848 141

2.ج. ظواهر التمرد في الألوية السورية وإجلاء عقيل 143

2.د. عقيل والأكراد 147

2.هـ عقيل وأحداث 1860 151

2.و. علاقات عقيل مع السلطات (1860- 1864) 154

2.ز. عقيل آغا (1865- 1870)- نهاية المطاف 156

مصادر الفصل الثامن 158

الفصل التاسع: البدو في نهاية الحقبة العثمانية (1876 – 1914) 166

1. البدو في نهاية الحقبة العثمانية- وصف عام 166

2. السلطات العثمانية والبدو 170

2.أ. الإصلاحات العثمانية والبدو 170

2. أ. 1. قانون الأراضي 171

2. أ. 2. المواصلات 174

2. أ. 3. توطين المغتربين في البلاد (المهاجرين) 177

2 . أ.4. محاولات توطين البدو في فلسطين 178

2. أ.5. إنشاء مدينة بئر السبع من جديد (1900) 181

2.ب. كسر شوكة البدو 186

مصادر الفصل التاسع 190

الخلاصة 198

المصادر 202

1. الأرشيف 202

2. كتب ومقالات 202

الملاحق 214

المدخل

إن هذا الكتاب يتناول تاريخ البدو في فلسطين في الحقبة العثمانية. إنه يتناول الموضوع منذ الاحتلال العثماني لفلسطين عام 1516، وحتى نشوب الحرب العالمية الأولى في عام 1914 والتي مع نهايتها انهارت الإمبراطورية العثمانية.

إن الهدف من هذه الدراسة هو البحث في تاريخ القبائل البدوية في فلسطين في هذه الحقبة التاريخية، والتعرف على مدى قسط البدو في تاريخ فلسطين.

إن هذه الدراسة تتطرق إلى: العلاقات بين القبائل البدوية بين بعضها البعض، العلاقات بين القبائل البدوية المتنقلة، وسكان القرى والمدن، العلاقات بين القبائل البدوية والرحالة الغربيين الذين زاروا فلسطين في هذه الحقبة، العلاقات بين القبائل البدوية والسلطات العثمانية؛ سواء أكان ذلك ضمن السلطة في الولايات، أو العلاقة مع السلطة المركزية في اسطنبول.

كما أن هذه الدراسة تطرقت إلى مدى تأثير القبائل البدوية على الأحداث التي جرت في فلسطين في الحقبة العثمانية.

وقد اعتمد هذا البحث على المصادر التالية:

1. **مادة الأرشيف:** لقد اعتمدت الدراسة على عدة أراشيف منها: أرشيف وزارة الخارجية البريطانية الموجود في لندن، وأرشيف دولة إسرائيل – إن هذه المادة الأرشيفية احتوت على مراسلات قنصلية، وكذلك على تقارير معينة احتوت على مواد عن البدو ودورهم في تاريخ البلاد.

2. **كتب الرحالة الغربيين:** إن الحجاج الأوروبيون الذين زاروا فلسطين- البلاد المقدسة- وكذلك الرحالة الذين زاروا البلاد، وكذلك الباحثون الذين أتوا للبحث

في فلسطين – (باحثو الآثار، النباتات والطيور وغيرها..) بعد أن أنهوا زيارتهم أو عملهم في فلسطين؛ نشروا مذكراتهم عن فلسطين في كتب ونشرات، فهذه الكتب والنشرات غنية بالمواد عن فلسطين، وإن هذا النوع من الكتب والنشرات؛ يعد توثيقا مهما لتاريخ البلاد. من بين هذه الكتب نذكر: كتب بركهاروت، ديكسون، كندر، لينش، ترسيترام وغيرهم.

3. **كتب مذكرات:** خاصة مذكرات القناصلة الغربيين الذين عاشوا في فلسطين، على سبيل المثال: جيمس فين، "القنصل البريطاني الذي سكن في فلسطين في الفترة ما بين 1849-1863 والذي نشر ـ مذكراته عن القنصلية البريطانية في هذه الحقبة".

4. **نشرات رسمية لوثائق من الأرشيف،** مثل: المحفوظات الملكية المصرية التي نشرت من قبل أسد رستم والتي نشر من خلالها الوثائق من الأرشيف المصري عن الحكم المصري في فلسطين وسوريا (1831-1840)؛ وما نشره أوريل هيد، بالنسبة لوثائق من الأرشيف العثماني في اسطنبول.

5. **مجلة جمعية البحث البريطانية** (P.E.F)، والتي بدأت بالصدور منذ سنوات السبعين من القرن التاسع عشر. إن هذه المجلة غنية بالمواد عن البدو، والتي جمعت عن طريق بحث ميداني، أو على شكل مذكرات، نشرت بهذه المجلة.

6. **مصادر ثانوية:** وهذه المصادر كثيرة ومتنوعة.

<u>مادة الكتاب</u>

إن هذا الكتاب يحتوي على تسعة فصول:

الفصل الأول: إن هذا الفصل يتناول البداوة، الهجرة والاستيطان في فلسطين. وهو يقسم إلى ثلاثة أقسام. **القسم الأول:** يتطرق إلى تعريف البداوة، أنماطها وأحوالها، كما أنه يتطرق إلى تعريف المجتمع البدوي وتكويناته. **القسم الثاني:** ويتطرق إلى الهجرات والغارات البدوية إلى فلسطين. فموضع البلد حيث تحدها الصحراء من ثلاث جهات، جعلها تتلقى مؤثرات الصحاري العربية على مر العصور. فإن الصحاري قريبة من البلاد، وتعد خزاناً بشرياً يغذي المناطق المستقرة في فلسطين بالسكان. إن فلسطين كانت على مر العصور عرضة للغارات البدوية والتي أرادت دائماً السيطرة على مناطق الاستقرار. **أما القسم الثالث:** فإنه يتطرق إلى تعريف القبائل والعشائر البدوية الكبرى في فلسطين في الفترة العثمانية.

الفصل الثاني: ويتناول العلاقة العثمانية – البدوية في القرن السادس عشر. إن هذا الفصل يتطرق إلى بداية الحكم العثماني في فلسطين، حيث اهتمت الدولة العثمانية في هذه الفترة بتسيب الأمن في البلاد، حيث عملت الحكومة العثمانية على تقوية سلطانها، فقد بنت الحصون والقلاع، وأقامت الحاميات العسكرية، وطاردت وعاقبت القبائل البدوية التي كانت تهدد الأمن... ولكن مع انتهاء فترة حكم السلطان سليمان القانوني (1520-1566)، بدأت تظهر بوادر الضعف في الدولة العثمانية، وقد استغلت العشائر البدوية ذلك جيدا، فقد زادوا في تعدياتهم على المناطق المأهولة. وفي فترة الضعف هذه ازدادت التعديات البدوية من خارج فلسطين وخاصة قبائل شرقي الأردن التي غزت مناطق متعددة في فلسطين.

الفصل الثالث: يتناول موضوع البدو والصراعات على الزعامة في فلسطين في القرن السابع عشر. بسبب ضعف الدولة العثمانية ظهرت زعامات محلية جديدة،

13

وقد دارت حروبات بين هذه الزعامات على السلطة في منطقة فلسطين، وهذا الفصل؛ يتناول الحروبات التي دارت بين بيت طرباي وبين فخر الدين المعني. كما يتطرق إلى المعارك التي جرت بين هاتين القوتين وأحلافهم.

الفصل الرابع: يتناول تاريخ الزيادنة وحكمهم في شمال فلسطين في القرن الثامن عشر. إن هذا الفصل يركز خاصة على ظاهر العمر الزيداني الذي استولى على مناطق شمال فلسطين، وأقام بها حكماً مطلقاً.

الفصل الخامس: يتطرق إلى الفترة ما بين وفاة الوالي العثماني أحمد باشا الجزار عام 1804؛ وحتى الاحتلال المصري لفلسطين عام 1831. هذا الفصل يتطرق إلى استيلاء البدو على الحياة في هذه البلاد، هذا الاستيلاء؛ ظهر من خلال الغارات والغزوات البدوية على القرى والمدن الفلسطينية، وكذلك استيلائهم على الطرق الرئيسية في هذه البلاد، وجباية ضريبة الخاوة من كل من عبر عن طريق ديرتهم. إن قمة الاستيلاء في هذه الفترة؛ كان حكم آل ماضي في منطقة الكرمل.

الفصل السادس: هذا الفصل يتطرق إلى تاريخ البدو تحت نظام حكم قوي؛ يتمثل بالحكم المصري (1831-1840)، والذي عمل على كبح قوة البدو. كما أن هذا الفصل يتطرق إلى ردود الفعل البدوية على هذا النظام القوي.

الفصل السابع: هذا الفصل يتطرق إلى أعمال البدو بعد خروج المصريين من فلسطين. وقد جاء ليجيب على السؤال: ما هي مدى نجاعة الحكم العثماني بالتدخل بأعمال البدو؟

الفصل الثامن: هذا الفصل يتطرق إلى تاريخ عقيل آغا الحاسي في فلسطين؛ ما بين 1841-1870، عقيل الذين كان قائداً لقوات شبه نظامية من قبل الوالي العثماني. إن هذا الفصل يتطرق إلى ماهية العلاقة بين عقيل آغا والسلطات العثمانية في تلك الحقبة.

الفصل التاسع: إن هذا الفصل يتطرق إلى ماهية العلاقة بين القبائل البدوية والسلطات العثمانية في نهاية الحقبة العثمانية. إن هذا الفصل يتطرق إلى التنظيمات العثمانية وما مدى تأثيرها على القبائل البدوية وهل هذه التنظيمات أدت إلى كبح جماح البدو وحطت من قوتهم؟

الفصل الأول: البداوة، الهجرة، والاستيطان في فلسطيـن

1. البداوة وطبيعتها

إن البداوة هي العيش في البادية والإقامة فيها؛ في كثير مـن التنقل مـن مكـان إلى مكـان وراء المـاء والعشب. وتقوم حياة البدو على تربية المواشي وحمايتها. وكانت تقـوم في الأزمان السـالفة عـلى هـذه الأمور؛ إضافة إلى الغزو والسلب. إن مسرح البـداوة هـي الباديـة، ثـم مـا يليهـا مـن أطراف الأقاليم المجاورة. وقد فرضت ظروف البادية وتربية الماشية على البدو حياة خاصة، وأكسبتهم عادات ومميزات خاصة. ومن هنا اختلفت حياة البدوي عن حياة أخيه العربي الحضري. بـل إن هنـاك تفاوتا في سبل الحياة، وفي بعض العادات بين البدو من أصحاب الإبل، والبدو من أصحاب الشياه والماعز. فان أصحاب الإبل يعيشون في قلب الصحراء، في حين أصحاب الشياه والمـاعز يعيشـون في الأطراف؛ بـين الصحراء والأرض الخضراء، ولا يدخلون إلى قلب الصحراء بمواشيهم إلا نادرا. وقد عـرف عالم الاجتماع الـدكتور حليم بركات البداوة بأنها: "نمط متميـز يقوم في أساسـه عـلى تربيـة المـواشي والإبل والأنعام والرعـي والترحال بحثا عن الماء والكلأ؛ تلاءماً مع البيئة الصحراوية أو البادية، فقد نشأ هذا النمط من المعيشة في البادية: (أي البداية أو بدء الحياة في الصحراء)، وتكون تاريخيا نتيجة لتفاعـل دائـم وعميـق ولزمن طويل مع هذه البيئة؛ بانسجام مع اتساعاتها الشاسعة، ومحدودية أو ندرة مواردها وقسوة متطلباتها. إن البيئة الصحراوية هي التي حددت في الأساس حجم الجماعـات التـي قطنتها، وتوزعها، ونزاعاتها، وأصناف تجمعها، والتنظيم الاجتماعي السائد بين هذه الجماعـات، وأسـاليب معيشـتها، وثقافتها: مـن قيم وعادات ومعتقدات وأعراف،

وتعبيراتها عن مكنوناتها الداخلية؛ أكان بالشعر أو السرد القصصي أو الغناء"[1]. لقد صُنِّف البدو تقليديا إلى ثلاث جماعات بحسب مدى توغلهم في حياة البداوة. منهم من كان معاشهم في الإبل؛ فهم أكثر ظعنا، وأبعد من القفر مجالا، ويمثل هؤلاء أقصى درجات البداوة. ومنهم من كان معاشه في السائمة مثل: الغنم والماعز والبقر.. وهم أقل توغلا في الصحراء، وأكثر استقرارا واحتكاكا بالمدن والقرى. ومنهم من كان معاشه في الزراعة؛ إذ يمتهنون شيئا منها، فيميلون إلى نوع من الاستقرار. وقد لخص ذالك جبرائيل جبور بقوله: "تتدرج البداوة في سلم طويل؛ أوله يلامس الحياة الحضرية ويتصل بها بين الفينة والفينة اتصالا مباشرا، وأخره ثابت في الصحراء، لا تكاد تزعزعه من وطنه قوة ما... وأنواع البداوة الرئيسية ثلاثة : أولها؛ في أسفل السلم، وهي عريقة ثابتة تقوم على تربية الإبل، وأصحابها سريعو التنقل بين أنحاء البادية وأطراف البقاع المعمورة. ولعل هذه الطبقة هي التي تأنف من الخضوع للسلطة والنظام، وهي التي تأبى الجنوح إلى التحضر إلا مرغمة محرجة... والثانية: بداوة تطورت من الأولى لسبب من الأسباب، فهي متوسطة بين البداوة العريقة والبداوة نصف الحضرية، ويستعين أهلها على عيشهم بالإبل والغنم، ولهذا فهم أقل حركة وانتقالا من أصحابهم أهل البداوة العريقة المذكورين. والثالثة: البداوة نصف الحضرية، وتقوم على تربية الماشية من غنم وماعز وقليل من الإبل. ولأهلها علاقات وثيقة مع الآهلين في القرى المعمورة وفي المدن"[2]

وفي كلام مشابه صنف محمد زهير مشاق البدو من حيث نجعتهم، ونمط حياتهم إلى ثلاثة أقسام رئيسية وهي:

أولا: البدو الرحل الذين يعتمدون على الإبل؛ وتكون نجعتهم قد تبلغ آلاف الكيلومترات سنويا، وهؤلاء يعتزون ببداوتهم، ولا يطيقون حياة الاستقرار.

وثانيا: الشاويَّة والبقّارة، وهؤلاء هم رعاة الشياه ورعاة الأبقار. ولهم نجعة صغيرة لا تتعدى عشرات الكيلومترات بحسب ما تتحمل حيواناتهم من أغنام وأبقار، وقد يزرعون الأرض بالإضافة إلى امتهانهم الرعي. ويخضع الشاوية والبقارة للأعراف والتقاليد البدوية أثناء نجعتهم في البادية، وإلى الأحكام والقوانين العامة، حين يعودون إلى مراكز استقرارهم.

وثالثا: الفلاحون من العشائر المتحضرة التي استقرت منذ حين بعد أن كانوا بداوة، ومن ثم أخذت عشائرهم تحترف الزراعة بالدرجة الأولى، ورعي الماشية بالدرجة الثانية، ويطلق عليهم اسم "الفلاليح" (3)

وعالم الاجتماع صلاح مصطفى الفوال؛ عرف البداوة بأنها[4]:

1. البداوة هي نمط الحياة القائم على التنقل في طلب الرزق، ويتوقف مدى الاستقرار على كمية الموارد المعيشية المتاحة من جهة، وعلى مدى الأمن الاجتماعي والطبيعي الذي يتوافر من جهة ثانية.

2. البداوة اصطلاح يطلق على فئة من السّكان يتميزون بخصائص معينة وسلوك خاص ترسمه البيئة بهم، ولا تسمح بإقامة حياة سكانية مستقرة، فالبداوة تعني الترحال وعدم الاستقرار في مكان ثابت طوال العام، إذ تضطر أن تغير مناطق إقامتها من آن لأخر سعيا وراء الغذاء أو الرعي أو التجارة.

3. البداوة سمة من سمات الحياة في البادية، نشأت كرد فعل إيجابي لظروف الحياة فيها.

ولو حاولنا وضع تعريف لظاهرة البداوة لقلنا: إن البداوة هي نمط لحياة مجتمعية، وهي تكيف اجتماعي لظروف البيئة الصعبة والقاهرة التي أحاطت به، وارتكز هذا

التكيف على مجموعة من القيم والعادات والتقاليد والنظم التي مكنته في النهاية من أن يحيا ويستمر في الحياة والعيش.

إن ظاهرة البداوة هي إحدى أنماط الحياة التي عرفتها وتعرفها المجتمعات البشرية؛ مثلها مثل ظاهرتي: التريّف والتّحضّر. وإن البيئة تمارس نفوذا لا حد له على المجتمعات البدوية، فهي التي تحدد للبدوي نوع الطعام وكيفية الحصول عليه، وكذلك الملبس والمشرب والمسكن، كما أنها تحدد أيضا حيواناته كمًا ونوعًا، كما أن البيئة تحدد مبدأ تواجد الإنسان في بقعة ما؛ من عدمه، كما تحدد مزاجه النفسي-والاجتماعي أيضا.

إن المجتمع البدوي يتكون من قبائل وعشائر؛ والعشيرة كما عرفها صلاح مصطفى الفوال [5]: تتكون من اتحاد عدد من الأسر، والتي تشترك جميعها في نسب أو عصابة واحدة، وبدرجة تمكنهم من أن يرجعوا بأصولهم إلى جد واحد مشترك، وكما توجد بينهم مجموعة من الحقوق والواجبات؛ فضلا عن المصالح الاجتماعية والاقتصادية التي توحد بينهم وتجعلهم يسكنون متجاورين؛ حتى تسهل عليهم من جهة: أمور المدافعة ضد أي عدوان خارجي، ومن جهة أخرى: تنظيم مختلف نشاطاتهم الاقتصادية والاجتماعية وفق تقاليد وأعراف، ومن خلال رئاسة أبوية وراثية في معظم الأحوال. إن العشيرة من حيث الحجم قد تكون صغيرة لا تضم عددا كبيرا من الأسر، وقد تكون كبيرة بحيث تتسع لتضم مختلف الأسر التي تقيم في مجتمع محلي بدوي ما، وفي هذه الحالة؛ تكون العشيرة أقرب إلى القبيلة؛ حيث تعتبر وحدة سياسية تكاد تكون مستقلة تماما عن القبيلة. لكل عشيرة رئيس هو شيخ العشيرة، وغالبا ما تكون رئاسته وراثية. أما القبيلة فهي تتكون من عدة عشائر، ولا يشترط في هذه العشائر أن تكون ذات علاقة نسب واحدة، وقد يحدث أن تندمج عائلة أو عشيرة في قبيلة من القبائل، أو تخرج منها لتندمج في قبيلة أخرى؛ تبعاً

لظروف محلية مختلفة، منها أن تحل بها هزيمة على يد قبيلة أخرى أقوى منها، فتتعرض للسبي وينفرط عقدها، ومنها من تفتقر إلى وسائل القوة المادية مما لا يسمح لها بالاستقلال القبلي، كأن تجدب مراعيها، وتتناقص أنعامها، فتتشتت عشائرها وتنضوي تحت ولاية قبائل أخرى تمتاز بالقوة والغنى، وتدفع لها الخاوة نظير حمايتها.

تضم القبيلة عدة تنظيمات شكلية تعمل على تأكيد وحدتها وتماسكها الاجتماعي وبالتالي تحافظ على كيانها واستمرار وجودها. وأهم تلك التنظيمات: التنظيم السياسي، حيث يمثل القبيلة رئيس يحظى باحترام الجميع؛ وان كان يشاركه مجلس يسمى "مجلس القبيلة" ويتكون في الغالب من رؤساء العشائر.

إن القبيلة تؤلف وحدة اجتماعية وسياسية واقتصادية متكاملة بالنسبة لزعامة القبيلة وشيخ العشيرة؛ فإن لهما المقام الرفيع بين البدو، فالأمر والنهي بيديهما. إن زعماء القبائل وشيوخ العشائر تمردوا على الدولة العثمانية، ولم تستطع الدولة السيطرة عليهم في كثير من الأحيان، الأمر الذي جعل الدولة العثمانية تشد رجلهم بالحسنى كما سنرى في الفصول القادمة. يمكن القول بأن البداوة هو نمط حياة قائم على التنقل البدوي في طلب الرزق، ويتوقف مدى الاستقرار في منطقة ما على كمية الموارد المعيشية المتاحة فيها من جهة؛ ومدى الأمن الذي يمكن أن يتوفر من جهة أخرى.

البداوة حياة سعي وراء مصادر العيش داخل البيئات البدائية، فلذلك؛ كان في السابق بداوة جمع الثمار، بداوة الصيد، وبداوة الرعي.. وإن معنى ذلك؛ أن البداوة ليست وقفا على الصحراء. وإن كانت الصحراء بظروفها الطبيعية تحتم على ساكنيها البداوة[6].

إن بداوة الرعي هي الصورة التقليدية للبداوة في فلسطين، لقد كانت فلسطين بسبب موقعها الجغرافي مسرح تلاقي مؤثرات الحضارتين: البدوية والزراعية. ولم يخل تاريخ البلاد من فترات التعايش السلمي بين البداوة والاستقرار، وهي الفترات التي كانت فيها حكومات قوية تنشر الأمن في البلاد. فعندما تكون السلطة الحاكمة قوية فإنها تحد من غزوات البدو على المناطق الريفية من جهة، وتساهم بما تنشره من أمن في تشجيع الاستيطان البدوي والاستقرار من جهة أخرى (7).

ولكن في حالات الضعف؛ كما حدث في فترة الدولة العثمانية منذ نهاية القرن السادس عشر ظهرت الزعامات المحلية الطموحة للانفصال والاستقلال عن الدولة العثمانية، كما سنرى في الفصول القادمة.

ان البدو يعدون مقياسا لقوة السلطة، فالاهتراء الإداري، والوهن العسكري، والضمور الاقتصادي... يعني: سعي البدو للسيطرة على الطرقات، ونهب المناطق المأهولة بالسكان والاعتداء على القوافل التجارية والعساكر.

وقبل التحدث عن مكانة البدو في تاريخ فلسطين في الحقبة العثمانية أود أن أعطي نبذة عن الهجرات البدوية إلى فلسطين قبل تلك الفترة.

2. الهجرات والغارات البدوية إلى فلسطين

2.أ. فلسطين في حدود الصحراء

للموقع الجغرافي لفلسطين أثر كبير في منشأ البداوة والاستقرار. فموقع البلاد حيث تحدها الصحراء من ثلاث جهات؛ جعلها تتلقى مؤثرات الصحاري العربية على مر العصور. فان الصحاري قريبة من البلاد، و تعد خزانا بشريا يغذي المناطق المستقرة في فلسطين بالسكان. إن فلسطين كانت على مر العصور عرضة للغارات

البدوية والتي أرادت دائما السيطرة على مناطق الاستقرار. وإن النجاح أو الفشل كان متعلقا بشرطين أساسيين :

1. **وجود سلطة قوية**: فوجود مناطق مأهولة بالسكان بمحاذاة الصحراء؛ كان متعلق بوجود سلطة قوية، لان ذلك يشجع الاستيطان بقرب الصحراء وبدون خوف ، وبالتالي فان ذلك يكون حاجزا بشريا يمنع البدو من الوصول إلى المناطق المأهولة بالسكان. ولكن في فترات انعدام الأمن نتيجة لضعف السلطة المركزية، تسود الفوضى في المناطق، وتزداد قوة القبائل التي تقوم بغاراتها على المناطق المأهولة. وهذه الغارات جاءت من ثلاث مناطق أساسية : من الشرق عن طريق وادي عربة، وعن طريق سهلي بيسان ومرج بن عامر خاصة من جنوبي بحيرة طبريا، ومن الجنوب عن طريق شبة جزيرة سيناء والنقب، ومن الجنوب الغربي عن طريق سيناء والسهل الساحلي

2. **ظروف متعلقة بداخل شبة جزيرة العرب**: فحدوث تحركات مفاجئة لقبائل كبيرة في داخل شبة جزيرة العرب، كان يزيد من الضغط البدوي على حدود المناطق المأهولة بالسكان في منطقة الشرق الأوسط بما فيها فلسطين. فعندما كانت تحدث تحركات قبلية كبيرة من جنوب وأواسط شبة جزيرة العرب متجهة إلى الشمال؛ فإنها تضغط على القبائل الصغيرة والتي لا تستطيع المقاومة. وهذه القبائل الصغيرة ليس أمامها سوى الهروب إلى جميع الاتجاهات.

2.ب. الهجرات البدوية إلى فلسطين

القبائل البدوية التي عاشت في شبه جزيرة العرب بقسميها، قبائل الجنوب وقبائل الشمال، نزحت على مر العصور خارج الجزيرة العربية، فقد سكنت بعضها في الصحراء السورية وعلى حدود فلسطين. ومن هذه القبائل ما انخرط في حياة البلاد

التي وصلتها، وأنشأت فيها حضارات راقية لعبت دورا هاما على مسرح التاريخ، وقد تهيأت الظروف أمام بعض القبائل لإنشاء دول شبة حضرية دامت فترة من الزمن؛ مثل: الأنباط ، الغساسنة، تدمر، و كندة، والحيرة وغيرها. وفي فترة ما قبل الإسلام كانت بلاد الشام تابعة للإمبراطورية البيزنطية، وكانت سلامة الطرق التجارية، وحماية القوافل التجارية من الاعتداءات عليها؛ وخاصة من قبل القبائل البدوية؛ من إحدى سياسات هذه الإمبراطورية. لذلك قربت إليها-الإمبراطورية البيزنطية- القبائل البدوية التي نزلت بلاد الشام، ومدتها بالمال سنويا، مقابل أن تحمي هذه القبائل الحدود والمواقع التي يصعب على الإمبراطورية حمايتها، ودفع هجمات القبائل عنها، وفي بعض الأحيان كانت تشرك هذه القبائل في حروبها الخارجية، وقد أوجد البيزنطيون سياسة اتخاذ هذه القبائل لحروب العرب المناوئين، وبخاصة في الدفاع عن الحدود ضد عدو مراوغ فرّار.

فمثلا: لما وجدت قبيلة تنوخ قد تغلبت على غيرها، ملّكتها على العرب في بلاد الشام، ثم وردت سليخ، وتغلبت على تنوخ، فملكتها على العرب، ولما وردت غسان وتغلبت على سليخ، ملكتها على البدو في منطقة الشام، وقدمت للأمارة الغسانية الإعانات السنوية ⁽⁸⁾.

إن فلسطين كانت مكتظة بالسكان في الفترة البيزنطية، وذلك لأنه كان في فلسطين جيش قوي، وذلك لأنه في القرن الرابع الميلادي (313 م) اعترف بالديانة المسيحية بأنها الديانة الرسمية في الإمبراطورية البيزنطية، وبما أن فلسطين هي مهد هذه الديانة؛ فقد اهتموا بها كثيرا وخاصة بنشر الأمن، وقد وقفت الإمبراطورية حاجزا يصعب اجتيازه فترة طويلة من الزمن، أمام تحركات وهجمات القبائل البدوية.

وفي الوقت الذي انتهت فيه الحروب الفارسية- البيزنطية، انهار هذا الحاجز نتيجة تحطيم وإنهاك قوى كل من هاتين الإمبراطورتين بعد الحروب الضاربة التي خاضتها كل منهما ضد الأخرى ⁽⁹⁾.

جاء هذا الانهيار في الوقت الذي اشتدت فيه الحاجة في شبه جزيرة العرب للتوسع بدافع قلة الموارد، قياسا لعدد السكان المتزايد. والمعروف أن سكان الصحراء في هذه الفترة؛ كانوا يهاجمون ما يحيط بهم من المناطق المأهولة والمناطق الزراعية الخصبة. وفي خلال أل 1400 سنة الأخيرة حصلت ثلاث هجرات بدوية كبيرة من قلب شبه جزيرة العرب، ووصل قسم منها إلى فلسطين ⁽¹⁰⁾.

الاقتحام الأول: وكان ذلك في القرن السابع الميلادي مع الفتوحات الإسلامية، فبعد ظهور الإسلام؛ اتجهت أنظار العرب إلى خارج جزيرتهم، فانطلق غزوهم إلى فلسطين خاصة، زمن الخليفة أبي بكر الصديق وعمرو بن الخطاب رضي الله عنهما، ومن هنا بدأت القبائل البدوية تنطلق مقتفية أثر الجيوش الإسلامية في حملاتها العسكرية وفتوحاتها في فلسطين. واستوطنت هذه القبائل النازحة وراء الجيوش الإسلامية في سيناء والنقب، واستقر أكثرها في جبال نابلس والشام، والسهول الداخلية مثل: منطقة بيسان، ومرج بن عامر، وفي منطقة البلقاء وحوران والجولان.

الاقتحام الثاني: وكان ذلك في القرن التاسع الميلادي، وجاء ذلك الاقتحام نتيجة تحرك قبيلتي: بنو هلال وبنو سليم، وبشكل مفاجئ من نجد شمالا، من جهة... والضعف الذي ساد المنطقة من جهة ثانية؛ بعد انتقال العاصمة الإسلامية من دمشق في فترة الدولة الأموية، إلى بغداد زمن العباسيين، وأثناء تحرك هاتين القبيلتين إلى الشمال، ضغطت أمامها على قبائل أخرى، وأجبرتها على الهجرة.

الاقتحام الثالث : حدث في الفترة العثمانية؛ لقد بدأ ذلك في نهاية القرن السادس عشر ـ ووصـل ذروتـه في القرن السابع عشر، هذه الفترة هي فترة ضعف في الإمبراطورية العثمانية. ففي هذه الفترة هـاجرت قبائل شـمر مـن شمال نجد إلى الشـمال، فضـغطت أمامهـا علـى قبيلـة المـوالي في الصحراء السـورية (المعروفين بأبو ريشة) وقد سيطرت قبائل شمر على مناطقهم وخاصـة في حوران. بعد هـذه الهجرة، حدثت هجرة أخرى من قلب شبة جزيرة العرب وهـي هجرة قبائل عنـزة، وهـذه القبائل ضـغطت بدورها على قبائل شمر، وطردتها من الصحراء السورية، وسيطرت مكانها على الصحراء السـورية. لهاتين الهجرتين كان تأثير كبير على فلسطين، حيث أن هذه الهجرات أدت إلى دخول قبائل بدوية من الصحراء السـورية إلى فلسطين، قسما منها خوفا من القبائل الأخرى. ومن هذه القبائل نذكر قبيلة الزيادنة والتي سيطرت في القرن الثامن عشر على منطقة شمال فلسطين بزعامة شيخها ظاهر العمر الزيداني.

3. القبائل والعشائر البدوية الكبرى في فلسطين في نهاية الحقبة العثمانية

هنالك العديد من القبائل التي سكنت في فلسطين في الحقبة العثمانية، منها من ترك فلسطين وهـاجر إلى شرقي الأردن والصحراء السورية، ومنها من غير ديرته في داخل فلسطين من منطقة إلى أخرى (أنظر الملحق الذي يبين توزيع القبائل في داخل فلسطين في نهاية الحقبة العثمانية).

وفيما يلي نبذة عن القبائل والعشائر البدوية الكبرى في فلسطين [11].

أ. شمال فلسطين

1. **عرب البشاتوة:** وأصلهم من الحجاز. لقد هاجروا في البداية إلى العراق، ومن ثم إلى منطقة شرقي الأردن، ومن هناك كانت الطريق قصيرة إلى منطقة بيسان. لقد سكنوا في المنطقة ما بين نهر الأردن ومدينة بيسان.

2. **عرب التركمان:** أنهم يعدون من العرب المستعربة، إن اسمهم يبين بأنهم ليس عربا من ناحية الأصل. وأنهم ينتمون إلى الشعوب التركية. إن عشائر التركمان قد وُجدوا في بلاد الشام بما فيها فلسطين منذ الحروب الصليبية، حيث أنهم اشتركوا مع المسلمين بطرد الصليبيين من المنطقة. القائدين المسلمين في تلك الفترة: نور الدين زنكي وصلاح الدين، وطنوا جماعات منهم في بلاد الشام. إن تدفق التركمان إلى منطقة سوريا وفلسطين استمر في فترتي المماليك والعثمانيين. والتركمان الموجودون في فلسطين؛ أصلهم من منطقة الأناضول، وعندما حضروا إلى فلسطين؛ سكنوا في منطقة مرج ابن عامر؛ وخاصة في الجزء الجنوبي الشرقي منه، وأيضا في منطقة قيساريا. وتجدر الإشارة بأن قسما منهم سكن في منطقة الجولان. إن تركمان مرج ابن عامر يمثلون ائتلافا لثمانية عشائر وهم : "بني سعيدان، أبناء علقمة (العلاقمة)، بني غراء، بني ظبية (ظبايا)، شقيرات، الطواطحة (عرب أبو زريق)، النغنغية، وعرب العوادين.

3. **عرب الحجيرات:** أصلهم من منطقة اللجا في سوريا. لقد هاجروا إلى فلسطين على ما يبدو في القرن الثامن عشر. سكن أبناء هذه العشيرة في بعض المناطق في الجليل، القسم الكبير منهم سكن في منطقة كفر مندا، صفورية ورمانة. وقسم منهم سكن في منطقة عكا، وقسم في منطقة سهل البطوف.

4. **الزيادنة:** هـذه القبيلـة قدمت مـن بـلاد الحجاز إلى فلسـطين في القرن السـابع عشـر، حيث استوطنوا بداية في منطقة البطوف، ومن هناك بسطوا نفوذهم عـلى منطقـة الجليل وقد بـرز فيهم زعيمهم الأقوى ظاهر العمر، الذي تمكن من بسط نفوذه على شمال فلسطين مـن سـنوات الثلاثين من القرن الثامن عشر وحتى سنوات السبعين منـه. حـاول العثمانيـون مـرارا قمع قـوة الزيادنة والقضاء على سلطانهم ولكنهم باؤوا بالفشل. وتمكن ظاهر العمـر مـن توسيع نفوذه ليمتد إلى يافا والرملة وغزة وجنوب لبنان كذلك، إلى أن تمكن العثمانيون من قتله والقضاء عـلى سلطانه في آب 1775، ومن ثم تم القضاء على أبنائه من قبل والي عكا احمد باشا الجزار، وبذلك تم القضاء على حكم الزيادنة.

5. **عرب السواعد :** من اكبر العشائر في شمال فلسطين، أصلهم مـن شبه الجزيرة العربيـة، وتروي الرواية المتداولة بين أبناء هذه العشيرة، أنهم يعودون بأصلهم إلى بداية الإسلام، وتحديدا: إنهـم يدعون بأن الأب الأول للعشيرة هو القائد المسلم سعد بن أبي وقـاص رضي الله عنـه. حضروا إلى منطقة الشام مع الفتوحات الإسلامية. وسكنوا منطقة الحولة وخاصة في المنطقة المسماة نجمـة الصبح. في النصف الثاني من القرن التاسع عشر، هـاجر أبنـاء القبيلة إلى منطقـة الجليل، وقد سكنوا في ثلاث مناطق : قسم منهم سكن في منطقة عكا، وقد أطلق عليهم اسم "عرب الرحل"، القسم الثاني سكن في منطقة شفاعمرو وخاصة في المنطقة المسماة "بالحميرة "، القسم الثالث في منطقة جبل الكمانة-وادي سلامة.

6. **عرب الصبيح:** إن هذه القبيلة استوطنت في الجليل الأسفل الشرقي وخاصة في المنطقـة مـا بـين سهل البطوف، جبل الطور وحطين. إن هذه العشيرة كانت إحدى العشائر القوية والمؤثرة في شمال فلسطين في الحقبة العثمانية. إن

أصل هذه العشيرة هو منطقة اللجاة في شمال الحوران. وكانت من حلفاء ظاهر العمر الزيداني عندما استولى على الجليل في النصف الأول من القرن الثامن عشر. وفي منتصف القرن التاسع عشر انضموا إلى عقيل آغا الحاسي قائد القوات الغير نظامية التابعة لوالي عكا وقد كانوا من حلفائه.

7. **عرب الصقر:** لقد كانوا من بين أقوى العشائر في شمال فلسطين. أصل هذه العشيرة من نجد شمال شبه الجزيرة العربية. لقد أتوا إلى فلسطين على ما يبدو في بداية القرن السابع عشر. منطقة نفوذهم وسلطاتهم كانت الجليل الأسفل الشرقي وسهل بيسان. في القرن الثامن عشر انضمت هذه العشيرة إلى ظاهر العمر الزيداني في بداية الأمر، ولما رأت بأنها لم تستفد من ذلك كثيرا، قررت الابتعاد عنه. وفي عام 1735 حدثت معركة بينه وبينهم، وقد انتصر ظاهر العمر عليهم ففروا من منطقة نفوذهم، وانتقلوا ليسكنوا في منطقة الساحل: "عتليت ويافا". أما ظاهر العمر والذي لم يرد محاربتهم وعداوتهم، فانه قرر مراضاتهم بعد ذلك، وبعدها عادوا ليسكنوا ما بين الناصرة ونابلس (هذه كانت ديرتهم) ولكن هذا لم يمنعهم من أن يبحثوا عن الفرص لكي يتخلصوا من ظاهر العمر، ولكن العشيرة لم تستفد من القضاء على ظاهر العمر عام 1775، لأن وريث ظاهر في ولاية عكا "أحمد باشا الجزار" قد تعامل معهم كما تعامل مع غيرهم بيد من حديد.

8. **قبيلة آل طرباي :** إن هذه القبيلة ظلت تحافظ على مركزها منذ عهد فترة حكم المماليك وحتى نهاية القرن السابع عشر. وقد تمركزت في منطقة الكرمل، ومن ثم بسطت نفوذها حتى اللجون، ومن ثم إلى جنين وكل مناطق مرج ابن عامر. واحتكرت لنفسها جباية الضرائب من العشائر الصغيرة الممتدة من نابلس وحتى جبال الكرمل. في النصف الثاني للقرن السادس عشر؛ برز

زعيمهم عساف الذي عين من قبل السلطان العثماني كمسئول عن أمن شمال فلسطين، وتحددت مهمته بالحفاظ على سلامة القوافل التجارية في المنطقة، إضافة إلى قوافل الحجاج المسلمين والتي مرت من سوريا متجهة إلى الجنوب، إلى منطقة الحجاز. وفي النصف الأول للقرن السابع؛ آلَ الحكم للأمير أحمد بن طرباي، وتزامن ذلك مع عودة المعنيين بقيادة فخر الدين المعني الثاني الذي حاول أن يدخل إلى ارض فلسطين، وبذلك شكل تهديدا مباشرا على ال طرباي الذين تصدوا لهم وأرغموهم على العودة إلى لبنان. وعلى ضوء ذلك تمكن أحمد بن طرباي من السيطرة على مساحات واسعة في وسط فلسطين ومركزها: من حيفا وحتى يافا، وفرض الضرائب على كل من يمر في منطقة نفوذه. وفي النصف الثاني من القرن السابع عشر خلفه الأمير محمد؛ الذي سكن في خيمة على جبل الكرمل؛ وكانت الأموال تأتي إليه من الضرائب والإتاوات المفروضة على سكان منطقة نفوذه ومن يمر بها. وكذلك من نفوذه وسيطرته على ميناء عكا. فقد أطلق السلطان العثماني يده في منطقة نفوذه هذه مقابل أن يؤدي الأمير محمد مهمته بالحفاظ على أمن المنطقة. ومع اقتراب نهاية القرن السابع عشر؛ بدا الضعف والتراجع يدب في صفوف بيت آل طرباي، لينتهي عهدهم تماما عند مطلع القرن الثامن عشر.

9. **عرب الغزاوية:** أصل هذه العشيرة من غزة. لقد هاجروا إلى اليمن قبل الاحتلال العثماني، ومن اليمن هاجروا إلى بلاد الشام، حيث سكنوا في البداية في منطقة الحوران، ومن ثم هاجروا خلال القرن السادس عشر إلى منطقة بيسان، حيث سكنوا في شرق وجنوب شرق مدينة بيسان ومن غربي عشيرة البشاتوة.

10. **عرب الغوارنة** : لقد سكنوا في منطقة الحولة في اثنتي عشرة قرية، المركزية مـن بينهم كانـت الخالصة (كريات شمونة اليوم) حيث كان مقر رئيس العشيرة. الاسم أطلـق عليهم بسبب سكناهم بمنطقة غور. بعض الباحثون يقولون بان هذا الاسم أطلق على سكان مختلفين سكنوا منطقة الحولة. بينهم سكان حضروا من منطقة بيسان مهاجرين، جاءوا مع جيش إبـراهيم باشا عندما احتل فلسطين وسوريا عـام 1831. الغوارنة يختلفـون عـن بـاقي العشـائر البدويـة، لقـد سكنوا العرش وليس الخيام، واعتاشوا من زراعة الأراضي وتربية الجواميس.

11. **عرب الفضل** : أصلهم من قبيلة بدوية قديمة سكنت في العراق. هاجر عـرب الفضل إلى منطقـة الجولان في القرن الخامس عشر المـيلادي، واستقروا في المنطقـة مـا بـين جسـر بنـات يعقـوب في الجنوب و القنيطرة في الشرق والبانياس في الشمال. لقد استولى عرب الفضل على أغلبية الأراضي في منطقة الجولان وخاصة في منطقة الشمال الغربي للقنيطرة. في فصل الشتاء وصلوا في ترحالهم حتى بحيرة الحولة، وفي بعض الأحيان وصلوا بتنقلهم حتى مرج ابن عامر. ينتمـي عـرب الفضل إلى الها شميين – عائلة النبي محمد صلى الله عليه وسلم.

12. **قبيلة آل ماضي** : هذه القبيلة أصلها من قبائل الوحيدات – إحدى قبائل صحراء النقب. نزحت إلى شمال فلسطين في بداية القرن الثامن عشر. في بداية القرن التاسع عشر وحتى سنوات الثلاثين منه؛ سيطرت على المنطقة مـا بين حيفا وعتليت وصولا إلى الجهة الغربية من جبل نابلس. ولقب زعيمهم في هذه الفترة بشيخ مشايخ جبل نابلس. قبيلة آل مـاضي رفضت الاحتلال المصري لفلسطين عام 1831، لقد انضم الشيخ مسعود رئيس القبيلة إلى

حركة التمرد ضد الحكم المصري في محاولة لدحره. ولكن المصريين تمكنوا منهم وقتلوا وأسروا الكثيرين منهم. وقسم منهم هرب فارا إلى اسطنبول – العاصمة العثمانية، حيث حظوا بالحماية والاحترام من قبل السلطات العثمانية لوقوفهم إلى جانبهم في محاربة المصريين. وعندما نزح المصريون من فلسطين عام 1840، عين كل من عيسى (ابن الشيخ مسعود) حاكما لصفد، وياسين (شقيق الشيخ مسعود) حاكما على غزة، ومحمد الماضي حاكما على حيفا. وفي سنوات الخمسين من القرن التاسع عشر بدا نجم هذه العائلة بالأفول، ورويدا رويدا فقدوا سلطانهم وتأثيرهم في شمال فلسطين.

13. **عرب المواسي** : وصلت هذه القبيلة إلى فلسطين على ما يبدو من مصر خلال القرن التاسع عشر. في البداية سكنوا في المنطقة ما بين قرية طمرة وإعبلين. حسب الروايات المتناولة بين أبناء عشيرة المواسي –ويقال أنهم من سلالة موسى الكاظم، وقد أتوا من العراق إلى الجزيرة في حلب، ومنها رحلوا إلى الجولان جنوب سوريا منطقة القنيطرة، وسكنوا مع عرب الفضل إلى أن حدث شجار وحرب بين المواسي والفضل وكانت الغلبة لآل الفضل، وهزم المواسي، ورحلوا من الجولان، وسكنوا منطقة طبريا.

14. **عرب الهنادي**: هذه تكونت وتكتلت في فلسطين خلال القرن التاسع عشر. لقد كان لهم دور كبير في تاريخ فلسطين وخاصة في شمال البلاد، وخاصة منذ سنوات الأربعينيات وحتى نهاية سنوات الستينيات من القرن التاسع عشر. أصل هذه العشيرة من مصر وأوائل الواصلين من هذه العشيرة إلى فلسطين كان في نهاية القرن الثامن عشر، أتوا لينضموا إلى أحمد باشا الجزار (والي عكا) والذي كانت له علاقات حسنة معهم عندما كان واليا في مصر، في منطقة دمنهور. القسم الأكبر منهم أتى خلال القرن التاسع عشر وقد اشتهرت هذه

العشيرة بفضل رئيسها عقيل آغا الحاسي، والذي كان الرجل القوي في شمال فلسطين في الفترة ما بين 1840 – 1870 وكان مصدر الأمن في هذه البلاد.

15. **عرب الهيب**: أصلهم على أغلب الظن من سوريا، و لقد هاجروا إلى فلسطين على ما يبدوا في القرن السابع عشر. هذه العشيرة انقسمت في فلسطين إلى ثلاثة أقسام : **أ. العجارمه**، وقد سكنوا منطقة الجولان. **ب. عطيه**، وقد سكنوا في منطقة خربة طوبا (اليوم قرية : طوبا – زنغرية). **ج. الرساتمه**، وقد سكنوا في منطقة شمال غرب مدينة صفد. إن عشيرة الهيب كانت عشيرة قوية، وقد بسطت نفوذها في الفترة العثمانية على القرى والعشائر البدوية المتواجدة في منطقة صفد-الحولة.

ب. **منطقة مركز ووسط فلسطين**

1. **عرب أبو كشك**: أصل هذه العشيرة من جنوب فلسطين. وصلوا إلى هذه المنطقة في فترة الحكم المصري لفلسطين (1831 – 1840) وسكنوا شمال نهر اليركون. مصدر معيشتهم كان دمج بين فلاحة الأرض وتربية المواشي وخاصة الجمال والأبقار.

2. **عرب الدمايره**: أصلهم من قرية دمره في منطقة القدس. وهم من أصل قروي. وقد أخذوا اسم قريتهم كاسم لعشيرتهم. وعندما قامت مستوطنة الخضيرة في المنطقة. كانت هناك صراعات كبيرة بينهم وبين أبناء هذه المستوطنة، وخاصة في نهاية الحقبة العثمانية وخلال فترة الانتداب ألبريطاني.

3. **عرب السوالمة**: أصلهم من مصر، هاجروا إلى فلسطين في سنوات العشرين للقرن السادس عشر ـ وكانت العشيرة القوية في منطقة يافا في القرن السابع

عشر. لقد حاربوا إلى جانب قبيلة طرباي البدوية في حروبها ضد فخر الدين المعني الثاني - الزعيم الدرزي. وفي القرن التاسع عشر؛ انخفضت سلطتهم واضمحلت.

4. **عرب الفقارا:** إنهم فرع من عشيرة البلاونة القاطنة في صحراء النقب، التي لها أقرباء في مصر والسودان. وقد سكنوا شمال منطقة وادي الحوراث.

5. **عرب النفيعات**: لقد أتى أبناء هذه العشيرة إلى المنطقة من جنوب فلسطين. على ما يبدوا كان ذالك في بداية القرن الثامن عشر. حيث سكنوا بداية في منطقة قيساريا. لقد سكنوا في ألمغر وفي خربة البلدة القديمة. وفي فترة متأخرة انتقلوا إلى منطقة وادي الحوارث

ج. <u>منطقة القدس</u>

1. **عرب التعامرة:** أصل التعامرة من قبيلة حارثة في الحجاز. وصلوا إلى هذه المنطقة في نهاية القرن السادس عشر، وقد سكنوا في البداية في خربة بيت تعمير. في الفترة ما بين القرن السادس عشر-التاسع عشر؛ تحوّل التعامرة من لفيف من عائلات إلى عشيرة بدوية. واستولوا على المنطقة جنوب غرب بيت لحم وحتى البحر الميت.

2. **عرب السواحرة:** منطقة ديرتهم كانت بين أبو ديس والبقيعة، وحدودها كانت قبر النبي موسى في الشمال، عشيرة العبيدية في الجنوب، جبال القدس من الغرب، والبحر الميت من الشرق. إن عرب السواحرة هم لفيف من عائلات بدوية أصلها من منطقة الكرك من شرقي الأردن ومن منطقة بئر السبع. حضروا إلى هذه المنطقة في بداية القرن التاسع عشر. الاسم أطلق عليهم نسبة إلى اسم القرية المجاورة لهم: "بيت ساحور".

3. **عرب العبيدية:** ديرة هذه القبيلة كانت بين (دير ثيودوسيوس) في الغرب، والبحر الميت في الشرق. وأبناء هذه القبيلة موجودون في صحراء القدس منذ القرن الخامس عشر الميلادي.

د. منطقة اريحا

1. **عرب الكعابنة :** يقال: إنهم من سلالة كعب بن زهير الشاعر المشهور في فترة النبي محمد صلى الله عليه وسلم. ديارهم تقع جنوبي نهر الفارعة. قسم منها يسكن شمالي أريحا، في حين أن القسم الثاني تقع ديارهم في منطقة الخليل. والقسم الذي سكن منطقة الخليل منهم، ينفي كل علاقة قربى بينه وبين كعابنة وادي الفارعة. وحتى يؤكدوا الاختلاف، فإنهم يطلقون على نفسهم كعابنة المصفرة. وقد ازداد كعابنة الخليل في القرن التاسع عشر ـ عددا وقوة، وذلك بعد أن انضمت إليهم مجموعات من قبيلة عمر، والذين نزحوا من منطقة شرقي الأردن (منطقة الكرك) وانضموا إليهم.

2. **عرب المساعيد:** هذه العشيرة سكنت في منطقة وادي الفارعة، لقد أتى أبناؤها إلى هذه المنطقة من شرقي الأردن في القرن الثامن عشر. وهي العشيرة الأقوى في منطقة أريحا. ورئيس العشيرة يلقب بـ "أمير القدس" وقد فرضوا الضرائب والإتاوات على الحجاج النصارى والمارين من القدس إلى الأردن.

هـ منطقة بئر السبع وصحراء النقب

1. **قبيلة الطرابين :** تقع منازلهم غربي قضاء بئر السبع، وتمتد منازلهم من غربي بئر السبع وحتى سيناء. هذه القبيلة تتألف من عشرين عشيرة:جراوين، أبو غليون، جرادين أبي صعليك، جرادين أبي يحيى، غوالي أبي سته، غوالي أبي الحصين، غوالي

أبي شلهوب، غوالي أبي ختله، غوالي أبي بكرة، غوالي أبي عمره، غوالي الزريعي، غوالي العمور، غوالي أبي صهيبان، غوالي النبعات، نجيمات الصوفي، نجيمات ابي عادره، نجيمات أبو صوصين، نجمات القصار، نجيمات الصانع، وحيدات الطرابين، جرادين أبي غليون.

2. **قبيلة التياها** : سكنوا المنطقة الواقعة بين قضاء الخليل والبحر الميت، وبين أراضي الجبارات والطرابين والعزازمة والسعيدين. ديرتهم كانت من شرق بئر السبع وحتى البحر الميت. هذه القبيلة تتالف من ست وعشرين عشيرة وهي: النتوش، بنو عقبة، جنابيب، حكوك الهزيل، حكوك الأسد، حكوك البريقي، حكوك أبو عبدون، رماضين المسامرة، رماضين الشعور، الرواشدة، الشلاليون، ظلام أبي ربيعة، ظلام أبي قرينات، علامات أبو لبة، علامات أبي شنار، علامات أبي جقيم، عرور، القلازين، تياها قطاطوة، قديرات أبي رقيق، قديرات الصانع، قديرات أبي كف، قديرات الأعسم، بلي، البدينات.

3. **قبيلة الجبارات**: سكنوا في الشمال الشرقي من مدينة غزة. وهذه القبيلة تتكون من ثلاث عشرة عشيرة وهي : أبو جابر، ارتيمات ابو العدوس، ارتيمات الفقراء، قلازين جبارات، حسنات بن صباح، عمار بن عجلان، جبارات الوحيدي، سعادنة النويري، سعادنة أبي جريبان، جبارات الدقس، سواركة أبي رفيع، ولايدة والرواوعة.

4. **قبيلة الحناجرة** : سكنوا في الجنوب الشرقي لمدينة غزة. وهذه القبيلة تتالف من اربع عشائر: حناجرة أبو مدين، الحمدات (السميري)، الضواهرة، والنصيرات.

5. **قبيلة الأحيوات** : سكنوا القسم الجنوبي من وادي العربة، وهم امتداد للحيوات الذين يسكنون صحراء سيناء. إن هذه القبيلة هي من القبائل الصغيرة في المنطقة، وهي تتكون من ثلاث عشائر: أبو خليل، العتايقة ، وأبو قادوم.

6. **قبيلة السعيديين** : سكنوا في منطقة وادي العربة الممتد ما بين البحر الميت وخليج العقبة. هذه القبيلة تتكون من أربع عشائر: جمايطة، رمامنه، مذكير، وروابضة. وتعد هذه القبيلة من القبائل الصغيرة في هذه المنطقة.

7. **قبيلة العزازمة :** تقع منازلهم في جنوب قضاء بئر السبع، وتمتد منازلهم من بئر السبع وحتى وادي العربة وحدود سيناء. هذه القبيلة تتألف من عشر عشائر: الزربة، الصواخنة، السراحين، الصبيحات، العصيات، الفراحين، المسعوديون، المربعات، المحمديون، الصبحيون.

مصادر الفصل الأول

1. بركات، حليم. المجتمع العربي في القرن العشرين، مركز دراسات الوحدة العربية، (بـيروت- 2000)، ص: 187.

2. جبور، جبرائيل سليمان. البدو والبادية صور من حياة البدو في البادية الشام ، دار العلم للملايين ،(بيروت- 1988) ص ص: 33- 34.

3. مشارقة، محمد زهير. الحياة الاجتماعية عند البدو في الوطن العربي ، دمشـق،(دار طـلاس- 1988)، ص ص: 42- 49.

4.الفوال، صلاح مصطفى. علم الاجتماع البدوي (القاهرة- 1974)، ص ص: 154- 156.

5. نفس المصدر، ص ص: 202- 206.

6. في هذا البحث سوف أتحدث عن البدو الذي أصلهم من الصحراء خاصة من شبه جزيرة العرب.

7. سواعد، محمد. البدو في فلسطين: 1804- 1908، رسالة ماجستير, جامعة بـار ايـلان- 1992)، ص ص: 4- 9(فيما بعد: سواعد، البدو).

8. بطاينة، محمد ضيف الله. دراسات وبحوث في جوانب التاريخ الإسـلامي، (الزرقـاء، الأردن، 1986)، ص ص: 90 - 97.

9. نفس المصدر، ص ص: 100 - 103.

10. شارون، موشيه. "البدو وفلسطين تحت حكم الإسلام"، بـداخل: زوهـر، ع. الصحراء، (تـل- أبيـب، 1977)، ص ص: 199 -210.

11. سواعد، البدو؛ العارف، عارف. بئر السبع وقبائلها، القدس، 1934؛ الدباغ، مـراد مصطفى. بلادنـا فلسطين، ط 4، بيروت، 1988.

الفصل الثاني: العلاقات العثمانية- البدوية في القرن السادس عشر

في أواخر الحكم المملوكي عمت الفوضى في فلسطين وأغلب مناطق سوريا، حيث انتشرت تعديات البدو على المناطق المأهولة بالسكان المجاورة للبوادي، وقد انتشرت عمليات السلب والنهب في الطرقات. ويوسف درويش غوانمه (1982) يبين لنا قوة البدو في فترة المماليك، وهو يعطينا مثالا من منطقة شرقي الأردن، ولكن ما يصفه؛ ينطبق على جميع المناطق في سوريا في تلك الفترة.

"فان هذه القبائل أنفت الدخول في فلك التنظيم الإداري المملوكي، فأخذت ما في هذا النظام من مميزات، وتركت ما فيه من التزامات، فكثيرا ما نراهم يثورون على السلطة الحاكمة إلى حد أنهم شاركوا في جميع الثورات... وكانوا يعبرون عن روح عربية أصيلة، إذ أبوا أن يخضعوا لسلطان مسه الرق، ولا ينتمي للجنس العربي"[(1)].

مع الاحتلال العثماني عام 1516 م، توفرت ظروف الأمن في ظل الإمبراطورية الفتية القوية. ومنذ احتلالهم للبلاد لم تغب عن بالهم أهميتها من حيث موقعها الاستراتيجي كجسر بين القارات وكبلاد مقدسة للديانات السماوية الثلاث. كذلك لقرب فلسطين من الطريق السلطاني الذي كانت تتبعه قافلة الحج الشامي المتجهة من دمشق إلى الحجاز. لقد كانت تضم هذه القافلة حوالي عشرين ألفا من الحجاج سنويا ومن هنا تكمن الأهمية الأمنية بالنسبة لهذه القافلة، وذلك لأن عددا من القبائل التي مرت الطريق من ديارها، أو القريبة منها، كانت تهدد طريقة الحج. وقافلة الحج التي كانت تتهدد من قبل البدو في طريق العودة من الحج، فقد كانت تغير طريقها، حيث كانت ترجع عن طريق غزة، ومن هناك؛ عن الطريق التجاري بين

مصر ودمشق. وهكذا كانت ترجع هـذه القافلـة عـن طريـق "الطريـق الغـزاوي" كـما اصطلح علـى تسميته. كذلك اهتمت الدولـة العثمانيـة بتثبيـت الأمـن في البـلاد بسبب الأهميـة التجاريـة. حيـث الطريق التجاري الذي مر عبر فلسطين؛ والذي كان يربط بلاد الشام بمصر. وهـذا الطريـق كـان طريـق القوافل الرئيسي قبل ظهور النقل عن طريق البحر. ونظرا لأهمية البلاد فقد عملت الحكومة العثمانية على تقوية سلطتها في المنطقة، فقد بنت الحصون والقلاع، وأقامت الحاميات العسكرية فيها، وكذلك بنت الخانات والتي كانت عبارة عن محطات لراحـة المسـافرين، ولكي لا يتعرض المسـافرون للغـارات البدوية وغيرها. فكانت في الغالب هذه الخانات محصنة هي الأخرى، ومن المواقع التـي وجـدت فيهـا الخانات نذكر: جسر بنات يعقوب، جب يوسف، اللجون، خان يونس والعريش.

لقد كان عدد من الزعماء المحليين والذين بمعظمهم من أصول بدوية؛ قد وطدوا حكمهـم منـذ العهـد المملوكي، وحين احتل العثمانيون البلاد، عينوا بعضهم حكام سناجق، وملتـزمين للضرائب وذلك لأن القضاء عليهم سيكلف العثمانيون جهدا وأموالا، كما أن الفراغ الذي سيخلقونه سيوجد مشكلة للدولة، لذا أدخلت بعضهم في جهاز الإدارة، وذلك للحصول على دعمهـم لهـا، تمامـا كـما فعـل مـن قبلهـم البيزنطيون في فترة ما قبل الإسلام كما رأينا سابقا، وكذلك كما فعـل المماليـك حيـث ادخلـوا البـدو في الجهاز الإداري، وذلك لتوفير الأمن في الطرق الرئيسية، حيـث عهـد إلـيهم حراسـة الطـرق، فعـلى سبيل المثال: في عهد السلطان الملك الظاهر بيبرس، جعل درك البلاد وخفر الطرق إلى الحجاز عام 1263م مـن بني عقبة وبني مهدي⁽²⁾.

ومن الزعامات البدوية التي اعترف العثمانيـون بحكمها في فلسطين نـذكر عائلة "آل طرباي" الـذين تعهدوا للعثمانيون بإقامة الأمـن وجبايـة الضرائب في منطقـة نفوذهم في شـمال فلسطين. لما احتل السلطان العثماني سليم الأول بلاد الشام ومصر عام

42

1517، حط لبعض الوقت في دمشق، وخلال إقامته هناك؛ استقبل وفود القبائل التي أعلنت خضوعها وولايتها للحاكم الجديد ومن جملة هؤلاء كان زعماء آل طرباي[3]. أمير هذه العائلة كان طرباي بن قراجة، أحد زعماء منطقة نابلس، وقد أعلن السلطان اعترافه بهذا الأمير زعيما لمنطقة اللّجون. وبقيت هذه الأسرة تحكم هذه المنطقة حتى أواخر القرن السابع عشر[4].

الدولة العثمانية؛ وعدا عن الطرق المانعة -والتي ذكرت- لمعالجة مشكلة الأمن، استعملت طرق أخرى منها :

الثواب والعقاب - لقد أوكلت إلى بعض العشائر مهمة حراسة الطرق والقوافل، وأعطتهم مقابل ذلك الأموال. لقد اهتم السلطان العثماني بتأمين قافلة الحج إلى الحجاز، وذلك لما فيها من أهمية دينية. لقد ضمت قافلة الحج الشامي والتي كانت تتجمع في دمشق حوالي 20 ألف حاج، ويتمثل الخطر الرئيسي- على القافلة من اعتداء البدو عليها، لذا عمدت الدولة العثمانية إلى شراء ولاء بعض القبائل الكبرى التي تسيطر على طريق الحج بالمال، لتامين سلامة القافلة، وعرف هذا المال بحق الطريق، وكان يدفع على شكل صرة، ولهذا عرف "بالصرة" ويدفع أمير الحج للبدو نصف هذا المال في طريق الذهاب إلى الحجاز، والنصف الأخر في طريق العودة، وذلك لكيلا تهاجم القبائل قافلة الحج في طريق عودتها، وذلك بعد أن أخذوا الصّرّة بكاملها

وفي الوقت الذي عامل العثمانيون القبائل الكبيرة معاملة حسنة، فإنها استعملت القوة ضد القبائل الصغيرة التي هاجمت القافلة، كما حدث مثلا عام 1757 حيث هاجمت قبائل صخر والسردية وبني كلب وبني عقيل، قافلة الحج الشامي في منطقة تبوك وأبادتها بكاملها، وجاء هذا الهجوم في أعقاب عزل اسعد باشا العظم عن ولاية دمشق، وكان قد شدد قبضته على هذه القبائل أثناء ولايته وفرض عليها الضرائب،

في حين انه تقرب من القبائل الكبيرة مثل العنزة وبني حرب والذي اشترى رضاها بالمال. ولكي لا يحدث مثل هذه التعديات أقامت الدولة القلاع والحاميات على طريق الحج فقد أقيمت قلاع كهذه في الزرقاء، البلقاء، معان، العقبة وغيرها[5].

كذلك قام العثمانيون بتعيين الزعماء المحليين من فلسطين أمراء لقافلة الحج، وذلك لمقدرتهم على تأمين سلامة القافلة؛ بسبب معرفتهم للمنطقة، وبسبب علاقتهم الحسنة بالقبائل التي قد تشكل خطرا على القافلة. ففي نهاية القرن السادس عشر اشتهر في إمارة الحج الأمير البدوي منصور بن فريخ الذي حاز على ثقة العثمانيين فعينوه حاكما على منطقة نابلس، وعين مرتين أميرا للحج الشامي (1590 و 591) ولكن بعد ازدياد نفوذه؛ أدخل الخوف في قلوب العثمانيين، فانقلبت سياستهم ضده وحاربوه بمساعدة الأمير فخر الدين المعني الثاني؛ أمير جبل لبنان؛ وذلك في كانون أول 1593. وقد استطاعت أن تقضي عليه عام 1594[6].

إن الدولة العثمانية لم تكتف بهذه الطرق، بل إنها عاقبت القبائل البدوية التي كانت تهدد الأمن. لقد كانت الدولة تأخذ كأسرى أبناء شيوخ العشائر المتمردة وأقاربهم، وتعتقلهم لفترات طويلة في القلاع، كما شن رجال الدولة حملات تأديبية ضدهم، وذلك لردعهم ومنع اعتداءاتهم. ولكن رغم هذا كله؛ فان الدولة لم تستطع أن تقضي نهائيا على المشكلة البدوية، وسرعان ما تبين وأتضح أن الإجراءات المختلفة وأساليب الإغراء والردع.. لم تكن كافية لحل المشكلة جذريا. فالقبائل المتمردة كانت تهرب إلى داخل الصحراء، ثم تعود لغزو القوافل والأهالي في المكان والزمان المناسب لها.

وان كانت فترة السلطان سليمان القانوني (1520 – 1566) هي فترة استقرار وأمن نوعا ما. فبعده ظهرت بوادر الضعف في الإمبراطورية، لقد ظهرت مظاهر الضعف على جبهات القتال وفي مؤسسات الدولة نفسها. وقد انتشرت مظاهر

الضعف أيضا في الولايات بما فيها فلسطين. وفي ظل عوامل التأخر في مؤسسات الحكم وخاصة العسكرية تركت القوى المحلية المتمردة. وانتشرت الفوضى في البلاد، وازدادت اعتداءات البدو على قوافل التجارة والحجاج، وعلى المناطق الريفية والمأهولة[7].

وقد ساعد البدو على الغزو والتعديات استعمالهم للأسلحة النارية والتي وصلت إليهم بطريقتين: الأولى عن طريق التجار الأوروبيين، والثانية عن طريق القادة والجنود العثمانيين الذين سرقوا الأسلحة من مخازن الأسلحة العثمانية وباعوها للبدو[8]. إن هذا التطور قد أفقد رجال الدولة تفوقهم السابق، مما اضعف إمكانيات الولاة المحليين في معالجة المشكلة البدوية ونجاعته.

كما أن القلاع التي أقامها العثمانيون على طرق القوافل، لم تعد تشكل رادعا كافيا للبدو، فرجال الدرك في تلك القلاع مكثوا في هذه التحصينات، ولم يخرجوا لمساعدة المعتدى عليهم. وحتى أن هذه القلاع أصبحت أحيانا عرضة لتعديات البدو. ففي آذار 1660 ذكر في وثيقة عثمانية رسمية؛ أن عدد الجنود في قلعة القدس 90 فقط، وفي قلعة الخليل 34، وفي قلعة برك سليمان 17 جنديا. إن هذه القلاع الثلاث بجنودها لم تكن كافية لحراسة المنطقة المتاخمة لها؛ فما بالك بالمناطق البعيدة.

رغم حث الدولة العثمانية الدائم لحكام الألوية على معاقبة القبائل المتعدية، ولكن نادرا ما بادر هؤلاء إلى تنفيذ أوامر الدولة. وإن فعلوا ذلك؛ فإن محاربتهم لم تتكلل بالنجاح، فعلى سبيل المثال: في عام 1587 حاول أمير لواء القدس محمد بك أن يمنع تعديات البدو بنفسه، فقتل في معركة مع عشيرة الكيلانية، وأراد الحاكم الذي خلفه أن ينتقم لسابقه، فهاجم هذه العشيرة، وتغلب عليها في معركة قرب مقام النبي موسى [9]. ولكن مثل هذه المعركة التأديبية ظلت ذات مفعول محدود، وذلك: لأن

حل المشكلة البدوية كان يتطلب تخطيط سياسة مدروسة، وإمكانيات عسكرية كبيرة، والتي لا يملكها حكام المناطق. ولأن سكان الأرياف والقرى والذين يئسوا من حماية الدولة لأرواحهم وأملاكهم، توصلوا إلى حلول وتفاهم مع زعماء القبائل، والهدف هو الحصول على حمايتهم، فعلى سبيل المثال: فقد تفاهم سكان منطقة الخليل المحاذية للصحراء مع القبائل في صحراء القدس[10].

إن عوامل الضعف التي ظهرت بوادرها في أواخر القرن السادس عشر؛ استغلت جيدا من قبل العشائر البدوية والذين زادوا من تعدياتهم على المناطق المأهولة. وفي فترة الضعف هذه ازدادت التعديات البدوية من خارج فلسطين؛ وخاصة قبائل شرقي الأردن، فقد غزت عشائر بني صخر الكيلانية وعباد النازلة في لواء عجلون القرى الواقعة على الأطراف الشرقية للواء القدس خاصة المناطق : عيساوية، جبع، وبيت ساحور. فكانت هذه القبائل تقتل وتنهب، ومن ثم تنسحب إلى شرقي الأردن. وفي بعض الأحيان كانت هذه القبائل تتعاون وقبائل فلسطين في الغزو، وهذا ما حدث في 13 أيار 1605، حيث شن بدو شرقي الأردن هجوما على أهالي قرية بيت ساحور؛ بالتعاون مع عشيرة التعامرة من صحراء القدس[11].

مصادر الفصل الثاني

1. غوانمة، يوسف درويش. <u>التاريخ الحضاري لشرقي الأردن في العصر المملوكي</u> ، دار الفكر، (عمان- 1982)، ص 137.

2. نفس المصدر، ص ص: 135 - 36؛ سواعد، محمد. "حكم الشيوخ في شمال فلسطين العثمانية"، <u>أبحاث بدوية</u>، مجلة رقم 27، 1995، ص ص: 40-42.

3. Edwards , S.C., <u>History of the Ottoman Turks</u> ,(Beirut , 1969) P. 15

4. Baknit, M. Adnan, <u>The Province of Damascus in the Sixteenth Century</u>, Beirut, 1982, pp. 209-219; Abu-Husayn, Abdul Rahim <u>Provincial Leader Ships in Syria, 1575-1650</u> ,(Beirut, 1985), pp. 183-198; Rafeq, Andul-Karim, <u>The prouince of Damascus 1723-1783</u>, Beirut, 1970 , pp: 52 –76.

6. المحبي، محمد أمين. <u>خلاصة الأثر في أعيان القرن الحادي عشر</u>. القاهرة، 1284هجرية)، ج 4، ص ص: 426 - 428.

7. سواعد البدو، ص ص: 4-5؛

    Heyd U, <u>Ottoman Documents on Palastine 1552-1516</u>, (Oxford, 1960), pp.: 88- 89, 97-99.

8. سواعد، البدو، ص 4.

9. هيد، وثائق، ص ص: 91- 92.

10. مناع ، عادل. " حكم الفروخ في القدس وعلاقتهم مع البدو " كوهين، أمنون، (محرر)، <u>القدس: دراسات في تاريخ المدينة</u>، (القدس-1990)، ص: 142- 143. (فيما بعد: مناع)؛ هيد، وثائق, ص.85

11. مناع، ص ص: 142 -143، 156.

الفصل الثالث: البدو والصراعات على الزعامة في القرن السابع عشر

في القرن السادس عشر ظهرت زعامات محلية غالبيتها ذات مرتكزات بدوية مـن بـين هـذه الزعامـات: طرباي بن قرجا زعيم منطقة نابلس، قانصورة بن مساعدة حاكم الكرك ثم عجلون، ومنصور بن فريخ أمير البقاع. في القرن السابع عشر؛ ينتقل زمام المبادرة السياسية من القوى المحلية إلى قوى من الخارج، فحتى منتصف سنوات الثلاثين من القرن السابع عشر؛ يفرض أمير لبنان فخر الدين المعني الثاني نفوذه ثم حكمه على مناطق مختلفة وهامة من فلسطين، ويضعف الزعماء المحليين.

عند القضاء على منصور بن فريخ عام 1593 من قبل الدولة العثمانية، استفاد من ذلك الأمير أحمد بن قانصورة حاكم منطقة عجلون، والأمير احمد بن رضوان حاكم غزة، والأمير طرباي حاكم اللجون وورثته من بعده(1). لقد تعرض الأمراء المحليون هؤلاء إلى ضغط الأمير فخر الدين المعني الثاني في الفترة ما بين 1590 – 1635م. في نهاية القـرن السـادس عشر ـ ازدادت قوته ونفـوذه كـأمير جبل لبنان، وتطلـع إلى التوسع في فلسطين. وكان يترأس المقاومة ضده الأمير احمد بن طرباي الحارثي أمير اللجون(2).

إن السبب المباشر للنزاع بين فخر الدين وأمراء فلسطين؛ عدا عن سياسة فخر الدين التوسعية؛ تعود إلى لجوء الأمير يوسف باشا سيفا والي طرابلس إلى حيفا التي كانت تخضع لحكم الأمير احمد بـن طرباي، وذلك عام 1606م، وكان يوسف باشا سيفا العدو اللدود لفخر الدين ولحليفة الأمير علي باشا جانبولاد والي حلب الثائر على الدولة العثمانية، ويترأس القوات التي أمرت بمحاربتها(3).   بعد أن

49

استولى فخر الدين على منطقة البقاع؛ ازدادت سلطته وبدأ يفكر في حد نفوذه على مناطق فلسطين. بداية كان تدخل فخر الدين في فلسطين جزءاً من الصراع على النفوذ في المنطقة مع العثمانيين. وقد حاول ولاة دمشق الذين تزعموا المعارضة العثمانية لفخر الدين؛ معاداة زعماء فلسطين المؤيدين لفخر الدين وتشجيع منافسيهم. ففي عام 1612 على سبيل المثال: طرد أحمد باشا الحافظ والي دمشق الأمير حمدان بن أحمد بن قانصورة حاكم عجلون والكرك والمؤيد لفخر الدين، وأقام مكانه فروخ بن عبد الله، والذي عين أيضا أميراً لقافلة الحج الشامي. كذلك طرد أمراء آخرين من بين بدو حوران، وقد رد فخر الدين على ذلك بأن أعاد الأمراء المطرودين إلى أماكنهم. فقد اشتكى والي دمشق فخر الدين للسلطات العثمانية في إستانبول، فطلبت الدولة منه الزحف ضد فخر الدين، وقد انضم إلى القوات العثمانية زعماء من فلسطين أمثال: فروخ حاكم نابلس، والأمير احمد بن طرباي حاكم اللجون. فخشي فخر الدين من ذلك ففر هارباً إلى ايطاليا حيث بقي هناك خمس سنوات (1613 – 1618)[4]. ولما عاد الأمير من ايطاليا بواسطة مؤيديه، بدأ بالتوسع من جديد، فسيطر عام 1623 على المناطق : صفد ، نابلس، وعجلون، وعين على هذه المناطق عمالاً من عائلته ومساعديه، وقد تزعم المعارضة في المنطقة ضد الأمير فخر الدين: الأمير أحمد بن طرباي زعيم اللجون، حيث رأى بهذا التوسع احتكاكا به وبمنطقة نفوذه. وقد أثبتت القوات البدوية بقيادة أحمد بن طرباي ومؤيديه قوة وصلابة في مقاومة الأمير فخر الدين وقواته التي كان معظمها من المرتزقة[5].

لقد استمر فخر الدين يهدد أمراء فلسطين وتطلعه المستمر إلى التوسع جنوبا، وقد نجح فخر الدين في إقامة التحالف مع بعض العشائر البدوية في المنطقة، وحرضها ضد آل طرباي، ولربما استعمل فخر الدين ذلك ليضعف قوات أحمد طرباي من

جهة، وليحاربه بنفس السلاح من جهة ثانية - أي ضم عشائر بدوية لجانبه لتحارب قوة آل طرباي البدوية. لمحاربة فخر الدين، استفاد أحمد طرباي من حليفة ابن فروخ الذي كان أميرا للحج عدة مرات. فابن فروخ ولكي يمنع التحاق العشائر البدوية بفخر الدين؛ فقد حاول كسبهم لصفه؛ حيث أشرك بعض القبائل في حراسة طريق الحج، ودفع لهم مقابل ذلك أموال "صرة" وذلك لضمان استمرار تعاونهم. فلما خرج على رأس قافلة الحج في أب 1623، فانه أعطى في المزاريب للشيخ حسين بن عمرو وبقية قبائل المفارجه صررهم[6]. ولكن العلاقات مع العشائر البدوية كانت عرضة للتقلبات، فالشيخ حسين بن عمرو تقرب عام 1624 إلى فخر الدين، وذلك لأن فخر الدين قدم له عرضا أكثر من ابن فروخ، فإن فخر الدين قد ولاه على إمارة عجلون. إن هذا التغيير قد أدخل الخوف إلى قلوب ابن فروخ واحمد بن طرباي وأعوانهم من عشائر المنطقة، فلذلك شنوا هجوما مفاجئاً على الشيخ حسين بن عمرو. ويروي الخالدي هذه الحادثة التي جرت في 29 شباط 1624 قائلا: وصل الشيخ حسين بن عمرو واعيان عربه، والأمير أحمد بن قانصورة لبعلبك؛ إلى عند الأمير فخر الدين وأعلموه بأن احمد بن طرباي وعربه، وعرب السوالمة، وعرب بلاد عجلون والغور، أغاروا على الشيخ حسين وعربه، ونهبوا مواشي القبيلة وقتلوا الشيخ إبراهيم أخ الشيخ حسين، وبعد ذلك فروا إلى بلاد حوران. وحسب الخالدي؛ طيب فخر الدين خاطرهم، ووعدهم بالمساعدة[7].

إن هذه الحادثة كانت عبارة عن تحذير لابن عمرو وأمثاله من عشائر البدو لئلا ينتقلوا إلى صف فخر الدين ، وكان ابن فروخ وابن طرباي يقولان لمثل هذه العشائر بأن الأمير لا يستطيع أن يحميكم من غضبنا.

عندما كشف الأمير فخر الدين محاولاته للتوسع جنوبا لإحتلال فلسطين، فإن الدولة العثمانية التي أدركت مخططاته؛ دعمت زعماء فلسطين لإفشال ذلك، ودعمت بالأخص الأمير احمد بن طرباي. وفي سبيل هذه السياسة منحت الدولة العثمانية سنجقيه صفد للأمير احمد بن طرباي عام 1601[8].

في بداية القرن السابع عشر ازدادت قوة فخر الدين وبدأ بالتوسع على حساب ابن طرباي في شمال فلسطين. إن هذا التوسع زرع بذور الشك عند الدولة العثمانية، وعند أمير بيت طرباي ومنذ عام 1607، بدأ سباق التسلح بين بيت معن وبيت طرباي. إن المصدر الرئيسي لهذا التسلح جاء من أوروبا، فان ايطاليا وعلى رأسها البابا؛ عملت على تزويد الأمير فخر الدين بكميات كبيرة من الأسلحة، آملين بذلك من احتلال البلاد المقدسة، أما بيت طرباي فكان تسليحهم يعتمد على قوتهم المالية لشراء الأسلحة من التجار الأوروبيين.

لقد أحست السلطات العثمانية بوصول الأسلحة لفخر الدين، فأصدر السلطان العثماني فرمانا لتشديد الحراسة على الموانئ، ومنع تسرب الأسلحة لأعداء الدولة والمتحالفين مع الغرب، وقد طلبت الدولة من بيت طرباي ليشددوا الرقابة على الموانئ لمنع دخول الأسلحة.

"وصلتنا تقارير بأن سفنا لتجار الفرنجة تزور ميناء حيفا التابع لسنجقية عجلون، وهناك تبيع وتشتري.. فاني آمر بأنه عندما يصلك أمري هذا أن تتصل بالسنجق بك ورجاله، وتعلمهم بألا يسمحوا لسفن الفرنجة التجارية من تفريغ شحناتهم لأن ذلك ضد القانون"[9]

لقد دارت بين الأميرين فخر الدين وأحمد بن طرباي عدة حروب، وفي كل مرة كانت خطة الأمير أحمد هي الإندحار الوهمي، وبعدها الهجوم المفاجئ على قوات

فخر الدين، ومن بين المعارك التي جرت بين فخر الدين والأمراء البدو على الزعامة في فلسطين نذكر:

1. معركة نهر العوجا (أيلول 1623)

جرت هذه المعركة بسبب أن مصطفى باشا والي الشام، قد باع سـنجقية منطقـة صـفد للأمـير يوسـف الحرفوش أمير البقاع، ومنح سنجقية عجلون لبشير قانصورة. وقد أثار ذلك فخر الدين الذي قرر القيـام بحملة على هاتين المنطقتين. وقد تجمعت القوات عنـد جسرـ المجامع جنوب بحـيرة طبريا في شمال فلسطين، وكان من بينها أبناء عشيرة عرب المفارجة بقيادة احمد بن طرباي، أمير اللجون، وقد شملت قوات الأخير قوات بشير قانصورة والقبائل البدوية في منطقة عجلون وشمال فلسطين. عندما علم الأميران بحملة فخر الدين، فقد رحلا إلى منطقة العوجا في شمال يافا وقد لحقت قوات الأمير بهما والتي كان عددها 1500 خيّال. وياسين سويد مؤلف كتاب التاريخ العسكري للمقاطعات اللبنانية يذكر بان لمعركة نهر العوجا كان خمس مراحل [10]

- **المرحلة الأولى:** وهي الهجوم المعني، حيث شن الأمير هجومـا مفاجئـا عـلى معسكري الأمـيرين، فهزم الأميران وغنم كل ما في المعسكرين من متاع ومواشي.

- **المرحلة الثانية:** الهجوم الردّي، فقد قامت قوات الأميرين بهجوم ردي على قوات الأمير، وكـادت أن توقع بها الهزيمة لولا يقظة الشيخ حسين بن عمرو شيخ عـرب المفارجـة؛ الـذي صـد الهجـوم بعشرين من خيرة فرسانه.

- **المرحلة الثالثة:** التراجع التكتيكي لقوات الأميرين، حيث تراجعت قوات الأميرين أمام قوات الأمير تراجعا تكتيكيا، فأظهرت أمامها الهزيمة الموهمة.

- **المرحلة الرابعة:** الهجوم وهزيمة فخر الدين وقواته، فما كادت قوات الشيخ حسين بن عمرو تطمئن إلى اندحار قوات العدو أمامها حتى فوجئت بهذه القوات تعود فترتد عليها بهجوم عام، فهربت قوات الأمير بعد أن تركت خلفها أربعين قتيلا.
- **المرحلة الخامسة:** المطاردة، لقد هزمت قوات الأمير فخر الدين، وظلت قوات الأميرين: أحمد وبشير، تطارد قوات الأمير حتى خان جلجولية، حيث كف أبناء قبيلة عرب السوالمة وعرب حارثة عن المطاردة بينما استمر الآخرون بالمطاردة حتى غروب الشمس عند قرية شويكة، حيث عادت فرسان الأميرين إلى يافا.

لقد تابعت قوات فخر الدين انسحابها شمالا وهي مشتتة ومرهقة، وبعد المعركة؛ ترك الشيخ حسين وأبناء قبيلته الأمير فخر الدين، وعادوا إلى ديارهم بحوران.

2. معركة يافا (1624)

بعد خسارة الأمير في معركة يافا أمام عربان آل طرباي، أخذ يعد العدة ويلتمس الفرص ليمسح عار الهزيمة التي حلت به، وراح يخطط ليثأر لنفسه. وفي هذه الأثناء؛ كان الشيخ درويش وكيل الأمير فخر الدين في العاصمة العثمانية، يسعى للحصول على سنجقية صفد لفخر الدين، وفعلا نجح في محاولته، فنال أمرا من السلطان بتعيين علي بن الأمير سنجقا على صفد، ولما وصلت الأخبار لفخر الدين، توجه إلى صفد، فهرب منها الأمير يونس الحرفوش، وأقر عليها الأمير علي بن فخر الدين[11]. وصادف مجيء فخر الدين إلى صفد في أواخر عام 1623م ، مجيء الشيخ حسين بن عمرو بعربة، والأمير أحمد قانصورة، يستنجدنانه على الأمير أحمد بن طرباي وحلفائه. فأكرم الأمير ضيافتهم وطمأنهم، وفي نفسه أمر

يراوده بالثأر، وأن الوقت قد حان، فنظم الجيش، وزحف على الأمير بشير والشيخ رشيد - حليفا أحمد بن طرباي- النازلين في صحراء سنجقية عجلون [12].

أراد فخر الدين مفاجئتهم ليقضي على قواتهم، وليمنع انضمامهم لآل طرباي. وفعلا باغتت قوات الأمير بلاد عجلون ليلا، ونشبت الحرب, فانهزم الشيخ رشيد والأمير بشير، وفرا إلى البلقاء، والأمير فخر الدين ولّى الشيخ حسين بن عمرو على عجلون. بعد المعركة؛ توجه الأمير إلى منطقة بيسان، وفي الناطور قدمت إليه مشايخ وأعيان تلك البلاد، وقد أخذ يعمل على ضمهم إلى صفوفه في حربة ضد أحمد بن طرباي وأعوانه.

وفي الفترة التي كان بها فخر الدين مقيما في بيسان، كان الأمير أحمد بن طرباي يبني الخطة المتبعة لديه في مواجهة الخطر، فتوجه الأمير أحمد وعربانه إلى منطقة يافا ونزل على عرب السوالمة، حيث انتظر هناك المواجهة القادمة مع قوات فخر الدين، وفعلا فقد توجه فخر الدين إلى منطقة يافا حيث عسكر في منطقة نهر العوجا، وبعد أن تجمعت قوات فخر الدين أخذت الفرسان تعبر النهر متجهة إلى يافا، فصادفهم الأمير محمد أخ الأمير أحمد بن طرباي الآتي مع عرب السوالمة لكشف تحركات فخر الدين فاشتبك معهم [13]. لقد أمر فخر الدين قادته بعبور النهر والعودة بمقاتلين إلى المعسكر لأنه غير جاهز للقتال. ولكن هؤلاء القادة بدلا من أن يوقفوا القتال وجدوا رغبة في ذلك. خاصة وأن قوات ابن طرباي، أخذت تتراجع أمام قوات الأمير؛ ولكن تراجعا تكتيكيا. وبعد ذلك جاء هجوم جيش ابن طرباي وكانت خسارة المعنيين في هذه المعركة 150 فارسا أما خسارة ابن طرباي فكانت 10 من الفرسان بينهم الأمير عرار أحد أقارب الأمير أحمد بن طرباي[14].

ما أن بدأ الجيش المعني بالانسحاب، حتى تعرض لهجوم شنته عليه قوات ابن طرباي وابن فروخ، وعرب العايد، وعنزة وسواهم. وقد هاجمته حتى منطقة

قيساريا؛ حيث توقف القتال ، والأمير فخر الدين تابع سيره شمالا حتى وصل في بداية تموز 1624 إلى صيدا[15].

ومن نتائج هذه الهزيمة في هذه الحملة: أن عقد بين الأمير فخر الدين وأحمد بن طرباي اتفاقا تم بموجبه[16]:

1. يسحب الأمير فخر الدين حاميته من حيفا ويسلمها للأمير احمد بن طرباي.
2. يتوقف الأمير احمد بن طرباي عن مواجهة منطقة صفد التابعة للأمير المعني، ويمنع رجاله من التخريب في هذه المنطقة.
3. تحل جميع الخلافات بينهما فيما بعد: بالتفاهم، أي بالطرق السلمية وليس بطريقة السيف.
4. يتعهد الطرفان على نشر الأمن على الطرق في شمال فلسطين.

ولكن رغم ذلك، لم يكف الأمير فخر الدين عن مضايقة منافسيه في فلسطين. وقد أقام فخر الدين علاقات صداقة مع قبائل شرقي الأردن، والذين كانوا مصدر قلق مستمر وخطر كاف يسهل إثارته. وقد نجح الأمير فخر الدين عدة مرات في الحصول على لواء عجلون لأولاده أو أحفاده ومن هناك تعاون مع عشائر البدو وحرضهم على أعدائه ومن جملتهم بيت طرباي. فعلى سبيل المثال: لما خرج ابن فروخ على رأس قافلة الحج 34 - 1633 وكان حليفة أحمد بن طرباي يحرس قلعة الكرك خوفا من رجال فخر الدين الموجودين في لواء عجلون، وتبين أن مخاوف ابن فروخ كانت في محلها، فقد استغل علي بن فخر الدين الموجود في عجلون خلافا كان قد نشب بين ابن فروخ وآل طرباي مع الشيخ حسين ألوحيدي؛ وحرض الأخير على احتلال قرية الكرك. وفعلا جاء الشيخ ألوحيدي مع عشيرته، ونزل قريبا من القلعة في انتظار الوقت المناسب لمهاجمتها. وبالقرب من القلعة، اصطدم

مع قوات أحمد بن طرباي، وقتل الأمير حسين ألوحيدي وأربعون من فرسانه، وأخذ البدو خيلهم بعد المعركة وتركوا المنطقة.

إن هذه المعركة جددت الصراع بين آل طرباي وآل معن. وقد عرف أحمد بن طرباي بأن عمل حسين ألوحيدي كان مدعوما من قبل فخر الدين، وقد قرر الانتقام، وأرسل بن طرباي رجاله لغزو ونهب منطقة صفد، والتي وعد أن لا ينهبها حسب معاهدة 1624، وقد انسحب الأمير المعني إلى منطقة البانياس. وفي تلك الفترة؛ كانت الدولة العثمانية تعد العدة للقضاء على الأمير فخر الدين، فانضم آل طرباي وآل فروخ وأعوانهم من فلسطين إلى كوجك أحمد والي الشام في حربة ضد فخر الدين، ولم يفلت هذه المرة من قبضة الدولة، وكان ذلك عام 1635.

إن القضاء على فخر الدين قد أحدث خللا في ميزان القوى في البلاد، والنتيجة كانت عودة القبائل إلى سلطانها في فلسطين.

مصادر الفصل الثالث

1. البخيت، ص ص: 212- 217؛ ابو حسين، ص ص: 153- 161.

2. المحبي، ج1. ص ص: 221 -222؛ البوريني، الحسن بن محمد. تراجم الأعيان من أبناء الزمان، تحقيق صلاح الدين المنجد، (دمشق، 1959)، ج2، ص ص: 273- 279.

3. رافق، عبد الكريم. بلاد الشام ومصر من الفتح العثماني إلى حملة نابليون بونابرت 1516 – 1798 ، (دمشق- 1968)، ص ص: 201 - 206.

4. نفس المصدر، ص ص: 206 -210.

5. نفس المصدر، ص ص: 77- 78؛ الشدياق، طنوس. أخبار الأعيان في جبل لبنان، (بيروت، 1954)،ج1، ص ص: 318 - 372.

6. مناع، ص ص: 146 - 147، الخالدي، احمد. لبنان في عهد الأمير فخر الدين المعني الثاني، (بيروت، 1936)، ص 133.

7. الخالدي، ص 177 ، مناع، ص ص: 147 - 148.

8. اساف، ميخائيل. العرب إبان حكم الصليبيين، المماليك والأتراك، (تل- ابيب، 1941)، ص 34.

9. هيد، وثائق رقم: 10، 18.

10. سويد، ياسين. التاريخ العسكري للمقاطعات اللبنانية في عهد الإمارتين،ج1 الإمارة المعنية 1516- 1697، (بيروت، 1980)، ص ص: 291- 294.

11. الدبس، يوسف. تاريخ سوريا، (بيروت، 1905)، جزء 4، مجلد رقم 7، ص 179.

12. الشدياق، طنوس، يوسف. أخبار الأعيان في جبل لبنان، ص 302.

13. نفس المصدر، ص 355 ؛ الدبس، تاريخ سوريا، ص 108.

14. الخالدي، ص 188 ؛ سويد، ص ص: 195- 196.

15. الشدياق، ص ص: 282 - 285 ؛ سويد، ص ص: 297 - 299.

16. الشدياق، ص 362؛ الخالدي، ص ص: 196- 198؛ سويد، ص 300

الفصل الرابع: الزيادنة وحكمهم في شمال فلسطين في القرن الثامن عشر

إن القرن الثامن عشر منذ بدايته وحتى عام 1775، يُعد قرن الزيادنة، حيث حكم الزيادنة في فلسطين وخاصة في الشمال منها؛ حكما مطلقا. كان الرجل القوي لهذه القبيلة هو ظاهر العمـر الزيـداني، الـذي جعل من طبريا في البداية عاصمة له، ومن ثم انتقل إلى عكا وجعلها عاصمته الرسمية. إن آثار حكمهم ما زالت باقية حتى يومنا هذا في هذه المدينة ومدن أخرى في الجليلين الأعلى والأسفل.

قبل التطرق إلى فترة حكم ظاهر، لا بد أن نتطرق إلى أصل هذه القبيلة.

1. أصل الزيادنة

هنالك عدة روايات حول أصل الزيادنة , سوف اذكر منها ثلاثة :

1. **رواية ميخائيل الصباغ** : هذه الرواية تقـول ان الزيادنـة هـي عائلـة كانـت تسكن مـع بنـي أسـد الساكنين في البراري التي حول معرة النعمان بين الشام وحلب. هذه العائلة كانت تـدعي أنهـم أشـراف من بني زيد بن الحسين بن علي بن أبي طالب. ولسبب ما؛ هاجرت هـذه العائلـة مـن الشـام إلى غـور الأردن ومنطقة طبريا، ولما أعجبها المكان لكثرة خصوبته ومياهه، استقرت فيه. ومن منطقة طبريا رحل قسم من هذه الأسرة إلى قرية عرابة البطوف في الجليل الأسفل [1].

2. **الرواية الثانية** – رواية المعلوف: حسب هذه الرواية؛ الزيادنة منسوبون إلى زيدان، وهو مـن قبائـل عرب الطائف في الحجاز. لقد أمحلت بلاده عام 1690، وجاء هو وأخويه، صالح وطلحـة، إلى فلسـطين، إلى منطقة عرابة البطوف في

الجليل الأسفل تحديدا، وخيموا فيها لوفرة مراعيها. وصادف أن هذه المنطقة كانت تستولي عليها أسرة درزية تسكن في قرية سلامة، فانقض زيدان على مشايخ سلامة الدروز، بمساعدة أهـل عرابـة، فانتصـر وانتزع السلطة من أيديهم، وتولى على البلاد مكانهم، وكان ذلك عام 1698 [2].

3. الرواية الثالثة، تقول: إن الزيادنة منسوبون إلى بني زيدان، وهو الارجح، وهي عشيرة كبيرة جاءت من شرق الأردن، واستوطنت في منطقة طبريا، فقوي أمرها واستولت على شمال فلسطين [3].

إنني وبسبب كوني ابن المنطقة، واستنادا لما رواه لي مشايخ المنطقة، وما هو متعارف عليه؛ إن الزيادنة أتوا في بداية القرن السابع عشر من شرق الأردن إلى منطقة صفد - طبريا، واستقروا في النصف الثاني من القرن السابع عشر في خربة صغيرة يقال لها "مسلخيت" تقع على مرتفع مـن سـهل البطوف. وما هي إلا سنوات قليلة حتى ذاع صيتهم واشتهر أمرهم في شمال فلسطين.

2. حادثة سلامة وظهور الزيادنة على المسرح السياسي

ان الرواة وكتاب التاريخ؛ يعزون ظهور الزيادنة على المسـرح السـياسي في شـمال فلسطين إلى معركـة حاسمة مكنتهم بمساعدة جيرانهم أهل القرى في احتلال قرية سلامة الدرزية ، القريبة مـن عرابـة البطوف وكسر شوكة مشايخها [4]. لقد كان الـدروز قبل ظهور الزيادنـة أصحاب السـلطة في شـمال فلسطين، وكان لهم عوائد معلومة مرتبة على القرى. لقد كان الدروز يوجـدون بكثرة في هـذه المناطق ويملكون عشرات القرى ويستمدون نفوذهم من أخوانهم الأقوياء في لبنان.

هذا ما كان عليه الوضع السـياسي في شـمال فلسطين في أواخر القرن السابع عشر، أي قبل ظهـور الزيادنة. إن عدم الرضا من هذا الوضع؛ دفع سكان الجليل إلى

الانتفاض على الحكم ومحاربته، وذلك على أثر معركة، حسب الرواة، سببها خلاف على امرأة بين شيخ قرية سلامة الدرزي حاكم الشاغور، وبين مشايخ قرية عرابة البطوف، من اكبر القرى الإسلامية في الشاغور الجنوبي. لقد بدأ الصراع بخلاف على امرأة، ثم تحول إلى صراع سياسي من أجل زعامة البلاد، وانتهى هذا الصراع بانتصار مشايخ عرابة على خصومهم دروز الشاغور في معركة سلامة. كان لهذا الانتصار نتائج بعيدة المدى في حياة الجليل، إذ قلب الأوضاع السياسية فيه رأسا على عقب، وعكس ميزان القوى لصالح أهل القرى ولصالح الزيادنة. ومن هنا يبدأ عهد جديد في شمال فلسطين. وعن هذه الحادثة يقول الرواة : كان في قرية سلامة الدرزية شيخ درزي شديد البطش، وقد بسط نفوذه على القرى المجاورة. وحسب الرواة، مر شيخ سلامة يوما بقرية عرابة، والتي تبعد ما يقارب الخمسة أميال جنوب غرب قرية سلامة، وفي عرابة وقع بصره على فتاة، فأعجبه حسنها وطمع فيها لنفسه، فتريث وقتا في القرية، ثم أرسل فطلبها من أبيها. وبعد أخذ ورد بينه وبين أهل الفتاة، أجابه والدها إلى ما طلب مُكرهاً، والتمس مهلة ليجهز فتاته. ولا سيما أن العريس درزيا وهم مسلمون سنة. تقول الروايات: جاء عمر الزيداني في هذه الفترة إلى عرابة، فرأى مظاهر الغضب تسود القرية، ولما عرف السبب؛ قال لمشايخ القرية: أجيبوا بنعم، وعينوا له وقتا يوافيكم لأخذ العروس، وأنا سوف أكفيكم شره ، واتفقوا على هذا.

كان عمر الزيداني صديقا لعرب الصقر الأقوياء، النازلين وقتئذ في ضواحي طبريا، وشاورهم بأمر هذا الزواج القهري، فاستقر رأيهم على مد أهل عرابة بجماعة من رجالهم، والعمل على إحباط هذا الزواج بأي ثمن، ورحل بعض الصقر بخيامهم، ونزلوا في ضواحي القرية استعدادا للمعركة.

كان عمر وقتئذ ينزل في أرض مسلخيت هو وذووه. وفي اليوم المعين لأخذ العروس، انتقل عمر الزيداني هو وأهل بيته ونزلوا حول سنديانات القرية في الخلة المعروفة اليوم بوادي العين جنوبي القرية، ولما أقبل شيخ سلامة ورجاله الدروز إلى عرابة؛ قال عمر الزيداني لمشايخ القرية: رحبوا بالضيوف، فإذا، استقر بهم المقام؛ خذوا أسلحتهم، واتركوهم يهزجون ويرقصون إلى حين الرقاد، وليأخذ كل منكم رجلا منهم ليؤويه، والإشارة بيني وبينكم طلق ناري، فإذا سمع دويه، فلينقض كل منكم على نزيله ويجهز عليه.

يقول الرواة: وكان نزول العريس في المكان المعروف اليوم بالزاوية، "ديوان آل كناعنه" فلما لجأ الجميع إلى الرقاد، دخل عمر على العريس وقتله، ولما سُمع دوي البارود في القرية، هب رجالها والصقر المحيطون بها، وأفنوا جماعة الدروز ما عدا واحدا استطاع الهرب من مهاجميه، فلحق به بعضهم، وقتلوه قرب المكان المعروف اليوم بقبر "العبد" (حيث يقع المكان في الجهة الجنوبية لقرية وادي سلامة، وشمال شرق قرية عرابة البطوف).

أغار عمر الزيداني بعد ذلك وفي نفس الليلة مع أهل عرابة، عرب الصقر، والقرى المجاورة، على قرية سلامة، وأخذوها على حين غرة، فبطشوا بمن بقي فيها، وهدموها، وأغاروا على القرى الدرزية المجاورة لها مثل: النجيمية ودلاثة وكمانة والمرجم والربضية وسبانا وأم العمد وحازور... فنهبوها وهدموها، وهي اليوم خرائب.

إن هذه الحادثة سرعان ما تحولت من نزاع على امرأة؛ إلى صراع سياسي على زعامة البلاد، وقد اتسع نطاقها وتناولت قرى درزية أخرى في شمال فلسطين فسقط بعضها وثبت الآخر[5].

ولا شك في أن معركة سلامة وما عقبها من انتصار أهل القرى المسلمين على الدروز شمال فلسطين؛ كان لها الأثر الكبير في ظهور زعامة الزيادنة في شمال البلاد. كما أن ضعف الدولة العثمانية بشكل عام، ومؤسسة الوالي في بلاد الشام بشكل خاص، كان لها الأثر الكبير في ظهور الزيادنة وحركات انفصالية أخرى على المسرح السياسي في السوق الأوسط.

إن الوالي العثماني لم يكن لديه القوات الكافية لمحاربة الزعامات المحلية القوية، مما حدى به بدل أن يحاربهم؛ بأن يعمل على أن يقربهم منه، وهذا ما حدث في بداية الأمر مع الزيادنة. فبعد أن وصلت هذه القبيلة إلى منطقة طبريا، وبدأت شمسها تسطع في سماء شمال فلسطين؛ قرر الوالي العثماني في صيدا أن يعين رئيس القبيلة عمر الزيداني ملتزما لجمع الضرائب في منطقة صفد وطبريا. وبعد وفاة والده؛ ورث ظاهر أباه في التزام الضرائب من قبل والي صيدا العثماني في جمع الضرائب في منطقة طبريا وعلى ما يبدو كان ذلك عام 1706.

3. فترة حكم ظاهر العمر (1706-1775)

كان ظاهر العمر[6] أصغر إخوته، والذين اختلف المؤرخون في عددهم، فمن قال إنهم ثلاثة، كما روى آخرون أنهم أربعة، أو خمسة.. إلا أن اهتمام كل من كتب عن تلك الحقبة؛ وجه اهتمامه نحو ظاهر دون التطرق إلى الآخرين من أخوته.

تولى ظاهر الزعامة مكان أبيه عام 1706، وله من العمر ما يقارب العشرين عاما. إن الوظيفة الرسمية لظاهر كانت: ملتزم (جابي الضرائب) في منطقة طبريا من قبل والي صيدا. ولكن من الناحية العملية؛ فإن صلاحياته وتطلعاته كانت أوسع بكثير من كونه جابي للضرائب في منطقة طبريا. لقد كان لظاهر نفوذ في طبريا والمنطقة. إن طبريا ذات الموقع الاستراتيجي المهم على حدود ولاية صيدا؛ جعلها

بمثابة عاصمة له، وقد عُرف أيضا بشيخ طبريا. فبادر إلى تحصين المدينة، وكذلك حصل على أربعة مدافع من أوروبا، وضعهم في منطقة المجدل- خارج المدينة.

وفي بداية سنوات الثلاثين من القرن الثامن عشر، بدأ ظاهر يجهز قوته لتوسيع نفوذه إلى أبعد من منطقة طبريا. وقد بدأ التوسع شمالا، فاستولى على صفد ومناطق أخرى مجاورة، الأمر الذي أدى إلى صدام بينه وبين والي دمشق. لقد حاول الولاة العثمانيون وخاصة ولادة دمشق عدة مرات احتلال طبريا والقضاء على ظاهر العمر وحركته، ولكن هذه المحاولات باءت بالفشل في هذه الفترة.

لم يكتف ظاهر العمر بذلك، بل مع ازدياد قوته؛ بدأ يتجه في توسعاته غربا، فاحتل قرى هامة في مركز الجليل، وأخذ يتطلع إلى احتلال عكا، والتي كانت تحيطها المستنقعات، لقد كانت مهملة، وسكانها لا يتجاوزون الخمسة آلاف نسمة. فاحتل ظاهر العمر عكا عام 1744 وجعلها عاصمة له. ولما استقر به المقام في عكا؛ شرع في تعميرها وترميم وبناء المباني العامة. كما قام بتحصينها. فجدد حصونها ، وشيد أبراجها، واتخذ من برج "الذئاب" أقوى حصونها مقرا له. لقد شجع إقامة المباني، فبنى له قصرا، وأقام جامعا. كما ينتسب إليه بناء السوق الأبيض وخان الشونة، كما أنه أحاط المدينة بسور منيع أتم بناءة عام 1750، وجعل له بوابتين كبيرتين فقط، ونصب عليه المدافع لحماية الخليج من القرصان، وصد البدو الذين كانوا يغيرون على أطراف المدينة في السابق، مما بسط الأمان على المدينة وضواحيها وأدى إلى اطمئنان أهليها. وقد نظم في تاريخ بناء هذا السور، الخوري نقولا الصائغ الأبيات التالية:

سور منيع عاصم عكا فما تغتال إذ قد عيد منها الداثرُ
من ظاهر العمر الذي اشتهرت له بين البرية أنعُمٌ ومآثرُ
تمَّت محاسِنُهُ فَيَرنو ناظِرٌ في حُسنِ ميناءٍ ويَخسا ناظِرُ

لمّا بَنَـاهُ الشَّـيخُ ظاهِـرُ عُنـوَةً　　　أعنـاهُ تـاريخُ بنـاءٍ ظاهِـرُ

(1163 هجرية-1750م)

وقد نقش على السور فوق الباب تاريخ البناء بالأبيات الأربعة التالية (7) .

بأمرِ الله هـذا السّـور قاما　　　بعكا مِن فتى بالخـير قامـا

ابي الفرسان ظاهر المفدى　　　أعَـزَّ الله دولـتَـه دوامـا

فباطِنُ بابِهِ الرَّحـمات فيه　　　وظاهره العذاب لمن تعامى

وذا بالله صار حمى فـأرخ　　　بناك الله فخـرا لا يسـامى

كما أن ظاهر قد عمل على نمو الزراعة والتجارة والصناعة في البلدة وناحيتها. وقد جاء في احد التقارير التي كتبها احد قناصل فرنسا في صيدا في منتصف القرن الثامن عشر عن ظاهر: "انه يتمتع الآن بسلطة مطلقة لا حد لها - يطيعه حلفاؤه بقدر ما تطيعه رعيته، وهو واحد كان في استطاعته ان يجهز للقتال ستة آلاف فارس، إلا أن أمواله لا تحصى وكفاءته لا تستقى. وقد كان مباركا في أعماله، وعاونته أسرته الوفيرة العدد في كل مشروعاته" (8).

إن توسعات ظاهر استمرت، وقد قام باحتلال حيفا عام 1757، وكانت آنذاك عبارة عن قرية صغيرة، فقام بتجديد البناية فيها، ومنها احتل ما جاورها من القرى، فأصبح جبل الكرمل كله في يده .

إن محاولات الولاة العثمانيين في دمشق وصيدا للقضاء على ظاهر وسلطانه في شمال فلسطين باءت بالفشل حتى بداية سنوات السبعين من القرن الثامن عشر في نهاية عام 1764؛ قررت السلطات العثمانية في استانبول التخلص نهائيا من ظاهر، وقد أرسل بذلك فرمانا إلى الولاة في دمشق وصيدا، إلا أن ظاهر كان يعتمد على أعوان له في العاصمة اسطنبول، بالتأثير على الحكومة العثمانية لمصلحته . فعندما

حاول والي دمشق الزحف على المناطق التي يحكمها ظاهر عام 1767، جوبه برفض السلطان تزويده بالمعدات. وما لبث ظاهر في العام التالي؛ أي 1768؛ أن التمس من الحكومة العثمانية منحه لقب: "شيخ عكا، وأمير الأمراء والحاكم في الناصرة وطبرية وكل بلاد الجليل"، فأجيب طلبه. لربما مراوغة من الدولة العثمانية التي كانت تقصد من وراء ذلك نوعا من الهدنة، لتتفرغ فيما بعد للقضاء عليه، وذلك بسبب حقدها عليه، فعدا عن تمرده على الإمبراطورية، فقد كان يقوم بحماية البدو الذين كانوا يغزون وينهبون قوافل الحجاج العائدة إلى دمشق ويسلبونها، وكان يشتري منهم المنهوبات، وكثيرا ما كان يتحدى الدولة بالسماح لهم بدخول عكا زاعما أنهم أصدقاؤه ولا بد له من أن يساعدهم عندما يلجأون إليه، وبإمكانهم أن ينهضوا لنصرته عند الضرورة. كذلك كانت الدولة العثمانية تحقد عليه لسماحه لقراصنة مالطة ببيع أسلابهم في عكا، فلذلك؛ فإنها كانت تنتظر الفرص للقضاء عليه، على الرغم من أنها كانت مضطرة؛ لا سيما في الفترة ما بين 1768-1774، أن تغض النظر عنه وعن تجاوزاته، لانشغالها في حرب برية وبحرية مع الدولة الروسية زمن الإمبراطورة كاترين الثانية، التي رأت في ظاهر العمر خير عون لها على الدولة العثمانية، فأيدته بأسطولها القوى.

عادت العلاقات وازدادت سوءا بين ظاهر والدولة العثمانية، فأوعزت إلى ولاة دمشق وحلب بحربه عام 1770، ولكن ظاهر انتصر عليهم في معركة حاسمة، قرب جسر ـ بنات يعقوب، في أيلول (سبتمبر) 1771. كما انتصر عليهم في معركة أخرى قرب صيدا، وبذلك تشتت شمل جيشهم.

إن أسباب صمود ظاهر العمر أمام الدولة العثمانية وولاتها في دمشق وصيدا يعود لعدة عوامل:

1. ضعف الولاة العثمانيين في دمشق وصيدا، حيث لم يكن لهم القوة الكافيـة للقضـاء علـى ظـاهر، وفي كل المعارك التي دارت بينة وبينهم كانت الغلبة لظاهر.

2. الدولة العثمانية كانت منهمكة بالحروب الخارجية وخاصة مع روسيا القيصرية، وكل عملها كان منصب في السياسة الخارجية وليس للداخل، ولذلك اتبعت سياسـة غـض النظـر عـن المتمـردين، وذلك لأنها لا تستطيع بهذه المرحلة أن تتفرغ للمتمردين من الداخل .

3. شخصية ظاهر العمر وقدرته الإدارية . لقد اهتم ظاهر بتنظيم الإدارة، فعين مجلسا خاصا، كـان يستشيرهم في أمور شتى من حين لآخر. وكان يرأس هذا المجلس مفتي عكا الشـيخ عبـد الحلـيم الشويكي، وكان هذا المجلس يضم أيضا: قائد الجيش، ووزير المالية، والجباة، وشيوخا من مختلف الفئات والأوساط . أما بالنسبة للجيش؛ فقد قسمه إلى قسمين: قسـم المرتزقة بقيادة أحمـد دنكزلي المغربي، وكان عدد هذا الجيش ما يقارب الألف جندي، أما القسم الثاني؛ فكان يجمعـه من شتى أنحاء البلاد، ومن حلفائه في المدن والقرى المجاورة، وكان عددهم يصل إلى ما بـين 60- 70 ألف جندي وأكثرهم من الاحتياط، وليس جيشا نظاميا ثابتا .

4. أحلاف عسكرية -إن ظاهر لم يكتف بقوته العسكرية، بل دعمها بأحلاف مـع بعـض الـولاة مـن جيرانه كالشهابيين وعلي بيك الكبير في مصر، وذلك لأنه كان يتوقع ضربة الدولة العثمانيـة، لأنهـا لا ترضى بوجود حاكم قوي محلي قد يستقل عنها عندما تسنح له الظروف .

كان عام 1774 هو بداية النهاية لحكم ظاهر العمر في شمال فلسطين، وقبل التطرق للأسباب والعوامل التي أدت إلى التغيير؛ لا بد أن نشير إلى أن ظاهر قد

تقدم بالسن، وأصبح شيخا كبيرا، ولم يعد قويا كما في السابق. أضف إلى ذلك التغييرات التي حدثت، والتي كانت وخيمة بالنسبة لظاهر العمر، وأهمها: صعود سلطان جديد في الدولة العثمانية، ألا وهو السلطان عبد الحميد الأول، بدلا من السلطان مصطفى الثالث. وهذا السلطان أراد أن يوفر الأمن في الولايات المختلفة بما فيها بلاد الشام .

التغيير الثاني والأكثر أهمية كان انتهاء الحرب بين الدولة العثمانية وروسيا، حيث وُقِّعت في أواخر تموز (يوليو) 1774 اتفاقية صلح بين الدولتين.

رأت الدولة العثمانية بأن الفرصة قد باتت مناسبة للقضاء على ظاهر، فأرسلت أحمد باشا الجزار على رأس حملة تحاصر عكا وتستولي على المدينة، واستعانت بحكام مصرـ والولاة المحليين، والأسطول العثماني بحراً بقيادة القبودان باشي حسن باشا الجزائري، ووالي دمشق محمد باشا، وحاكم القدس إبراهيم باشا النمر، وسلمت القيادة العامة بداية لمحمد باشا العظم. هاجم حسن باشا السور من الجهة الشرقية وبدأت مدفعية بضرب السور والمدينة، كما أخذت المدفعية البحرية بدك السور وقصرـ الباشا . ولما اشتد الحصار، ورأى ظاهر خيانة المغاربة وعلى رأسهم أحمد دنكزلي، ركب فرسه وفر هاربا، فلحقه بعض جنود المغاربة وأطلقوا النار عليه، فأردوه قتيلا ، ثم اخذوا رأسه، وأتي به أحمد دنكزلي قائدهم إلى حسن باشا في 29 آب (أغسطس) 1775، ومنه حاول أن يقدمه هدية لأحمد باشا الجزار الذي ما إن رأى الرأس بيد درنكزلي حتى استل خنجره ورماه به، فأصابه في بطنه، وأمر أن يدفن في السور حيا بقوله: من خان سيده لن يخلص لي بأي حال من الأحوال. وهكذا كانت نهاية الشيخ ظاهر العمر. ولكن موت ظاهر العمر لم ينه حكم الزيادنة، بل استمر أبناؤه من بعده بمحاربة العثمانيين وممثلهم حاكم عكا "أحمد باشا الجزار".

توزع أبناء ظاهر العمر في مراكز ولاية أبيهم: عثمان في شفاعمرو، أحمد في طبريا، وعلي في صفد، وأعلنوا عصيانهم لسلطة الجزار في عكا، وكان علي أشدهم وأعندهم، فحاول أن يبسط نفوذه على كل الجليل، مما حمله على مواجهة الجزار، وقد تمكن الجزار من دحر قوات علي حتى تمكن من السيطرة على حصن دير حنا، أحد أقوى حصون علي الظاهر، ومن هناك.. تمكن الجزار من السيطرة على كل الجليل، وظل يطارد علي الظاهر حتى تمكن من قتله أواخر عام 1776، والقضاء على حكم الزيادنة [9].

أراد أحمد باشا الجزار والي صيدا الجديد..(1775-1804) أن يضع حدًا لتسرب البدو من الأردن وبادية الشام إلى شمال فلسطين، فقام بتحصين الطرق الرئيسية، ونقاط العبور الرئيسية والحيوية التي اعتاد البدو أن يسلكوها، وخاصة شمال وجنوب بحيرة طبريا، وركز فيها حاميات من الفرسان لتنجيع المهمة، مما هدأ الوضع الأمني.. ومكن الفلاحين من ممارسة أعمالهم بلا خوف [10].

أما بالنسبة للبدو المتواجدين داخل أرض فلسطين؛ فقد اعتمد الجزار أسلوبين :

1. ضربهم بالقوة العسكرية، وهكذا تمكن على سبيل المثال، من قهر قبيلة بني صقر عندما قام هؤلاء بمهاجمة الكتيبة العثمانية التي اقتادت والي حلب المخلوع (عزمي أحمد باشا) إلى منفاه في قلعة القدس، وقتل شيخهم[11]. كما تمكن عام (1783) من دحر تقدم البدو بقيادة بني صقر، حين قاموا بمهاجمة قرى الجليل، وهدم طواحين الماء فيها في طريقهم إلى عكا[12].

2. عمد الجزار إلى بناء علاقات صداقة مع بعض القبائل، كما فعل مع قبيلة (العيناوية) التي تصادق إلى زعيمها أثناء وجوده في مصر كحاكم لدمنهور (1775)، وكنّاهم باسم (الهوارة) على اسم قبيلة أخرى سكنت الصعيد، ممثلا إياهم بقبيلة كانت معروفة بقوتها ومنعتها [13].

وعندما أصبح الجزار واليا لصيدا، استقدم جماعات من هذه القبيلة لأرض فلسطين لمساعدته في حرب أبناء ظاهر العمر، كما ناصروه في الدفاع عن عكا في وجه الحملة الفرنسية (1799)[14].

لقد ساهمت قوة الجزار (1775-1804) كثيراً في كبح جماح البدو، إذ تمكن بفضل قوته العسكرية المنظمة والقوية، من فرض سلطانه وطاعته عليهم،

ولكن هذه القوة تحددت في منطقة الشمال، أما مناطق الجنوب والمركز مثل:(يافا ، الرملة والخليل والقدس) فبقيت حالة الفوضى المتمثلة بحروب القبائل البدوية، وفرض سيطرتها قائمة، وبقيت القرى والمدن هناك تعاني من هجمات البدو[15].

كما بقيت منطقة غزة مسرحاً لغزوات البدو وهجماتهم، وبقوا أسياد المنطقة كما يصفهم الرحالة الفرنسي فولني عام 1784 [16].

مصادر الفصل الرابع

1. الصباغ، ميخائيل نقولا. <u>تاريخ الشيخ ظاهر العمر الزيداني</u>، نشرة وكتب حواشية الخوري قسطنطين الباشا المخلصي، مطبعة القديس بولس ، (حريصا لبنان، 1927)، ص 15. (فيما بعد: الصباغ)

2. المعلوف، عيسى اسكندر. <u>دواني القطوف في تاريخ بني معلوف</u>، المطبعة العثمانية، بعبدا، (لبنان، 1908)، ص 30.

3. المرادي، محمد خليل. <u>سلك الدرر في أعيان القرن الثاني عشر</u> ،(القاهرة 1883)، ص184؛ وجودت، احمد باشا. <u>تاريخ جودت</u>، المجلد الثالث، ترجمة عربية لعبد القادر الدنا، مطبعة جريدة بيروت، (بيروت، 1308هـ)، ص 373 .

4. معمر، توفيق المحامي. <u>ظاهر العمر</u>، الطبعة الثانية، الناصرة، 1990(فيما بعد: ألمحامي)، الصباغ .

5. عن حادثة سلامة، انظر: ما كتبه توفيق معمر، ص ص: 29- 35، ولكن معمر وبدلا من عمر الزيادي، يذكر زيدان.

6. عن تاريخ ظاهر أنظر بتوسع: المحامي؛ الصباغ؛ هيد، اوريل. <u>ظاهر العمر حاكم الجليل في القرن الثامن عشر- حياته وأعماله</u> ، القدس، 1942.

7. صباغ ، مراد مصطفى. <u>بلادنا فلسطين</u> ، ط4 (بيروت - 988) ج11، ص 245. (فيما بعد: بلادنا فلسطين).

8. نفس المصدر، ص 246.

9. المحامي، ص ص: 266-271؛ كوهين، أمنون. <u>أرض إسرائيل في القرن الثامن عشر: أنماط الحكم والإدارة</u>. رسالة دكتوراة، الجامعة العبرية (القدس، 1969) ص ص: 77- 79 ، الصباغ، ص 46؛ الشهابي، حيدر. <u>تاريخ أحمد</u>

باشا الجزار، (بيروت ، 1955)، ص ص: 75- 76، 77؛ كرد، على. خطط الشام، (دمشق، 1925)، مجلد رقم 2،ص ص: 310-311 (فيما بعد: خطط الشام) .

10. كوهين، أرض إسرائيل في القرن الثامن عشر، ص 87؛ الشدياق، طنوس يوسف. أخبار الأعيان في جبل لبنان، (بيروت، 1954)، جزء 1، ص 235 .

11. كوهين، أرض إسرائيل في القرن الثامن عشر، ص 88 .

12. نفس المصدر.

13. Clarke, E. D., Travels in various countries of Europe, Asia and Africa, (London, 1812), pp: 483-505.

14. رفائيليفتش : صموئيل. حروب الفلاحين في ارض إسرائيل، (القدس، 1910)، ص 9. (فيما بعد: رفائيليفتش. حروب الفلاحين).

15. المبيض، سليمان. عرفات: غزة وقطاعها، (غزة ، 1987). ص ص: 331-332 . (فيما بعد: المبيض) .

16. Volney , M.C. , Voyage en Egypte en Syrie , (paris , 1959) , pp: 208-210. (فيما بعد: فولني)

الفصل الخامس: البدو في فلسطين (1804-1830)

1. البدو وسكان المدن والقرى

بموت أحمد باشا الجزار والي صيدا، انتهى عهد حكم قوي ومتماسك في فلسطين، هذا الحكم الـذي تمكن قائده من كبح جماح البدو، ولم يتمكن مـن خلفـه سـليمان باشـا (1804-1818) وعبد الله باشـا (1818-1830) الاستمرار على نهجه وهكذا عاد البدو إلى سابق عهدهم في النهب والسلب، فقد كانت البلاد في هذه الحقبة(1804-1830) مقسـمة إداريـا بـين ولايتي دمشـق وصيدا العثمانيتين، ولم يكن ترسيم الحدود فيها ثابتا، بل تغير بتغيرات ميزان القوى بين الولايتين المذكورتين، ولكن بشكل عام: يمكن القول أن التقسيم الأكثر سوادا.. كان كالتالي :

- خضعت المنطقة الجبلية، من شمال نابلس، وحتى جنوب الخليل لنفوذ والي دمشق.

- خضعت منطقة الجليل والساحل لنفوذ والي صيدا.

- أما منطقة النقب، فكانت على الغالب غير خاضعة لسلطان العثمانيين[1].

كلتا الولايتين صبت اهتمامها على جمع الأموال، ولم تعر الأمـن والاسـتقرار اهتمامـا كافيـا[2]. وهكـذا... ومع حلول القرن التاسع عشر، سادت الفوضى بارتخاء قبضة العثمانيين في البلاد، وعـاد البـدو ليسـتغلوا هذا الوضع فيبسطوا نفوذهم في مناطق غور الأردن والنقب والخليل.. وليوجهوا ضرباتهم وهجماتهـم على مناطق الجليل ومرج ابن عامر[3]. ووقع الفلاحون من جديد تحت رحمة قبائل البدو وشيوخهم، وبرزت من بين القبائل قبيلتان بسطتا نفوذهما على منطقة الناصرة ومرج بن عامر

(الصقر.. والصبيح)، فارضين عليهم الضرائب الثقيلة والإتاوات الباهظة [4]. وكانت ضرائب الناصرة وقضائها تقدر ب (500 عصملية) تدفع لشيوخ عشائر الصقر استرضاءً لهم، وتفاديا لشرهم. حتى يتمكن المزارعون من زراعة أراضيهم ورعاية مواشيهم بأمان في أرض المرج [5].

بالإضافة إلى ضعف السلطة المركزية، مكنت طبيعة تواجد البدو وامتداد مضاربهم على مساحات شاسعة ومتباعدة في جبال الجليل، ومنطقة المرج ، والجبال المحيطة بها، من جعل ضرباتهم متفرقة، وهجماتهم مباغتة وموجعة كما مكنتهم من جعل منطقة المرج منطقة رعي خاصة بهم كما أشار (terner-1820)[6] وقد أشار الرحالة (Borkhardet-1822) إلى الخراب الذي حل في منطقة بيسان الواصلة بين الصحراء وأرض (مرج إبن عامر) المكشوفة لهجمات البدو حيث أدت هذه الهجمات إلى نزوح الأهالي، وخراب البلاد فلم يبق أكثر من (70-80) بيتا في كل المنطقة يؤدون الإتاوات للبدو لحماية أنفسهم من هجماتهم[7].

وفي موقع آخر ، يشير (Brokhardet) إلى تقلص عدد السكان في منطقة (مرج ابن عامر) من سمخ وحتى بيسان[8]، كما يشير إلى أن هذا التقلص السكاني، مكن البدو من تحويل المنطقة إلى مرعى خاص بهم، يشعرون بأنها ملكا خاصا بهم ، يخيمون بها على مدار السنة وينضم إليهم بدو الجبال، حين ينزلون للتخيم في أرض المرج في الشتاء، وخاصة القادمون من جبال الخليل ونابلس[9].

يمكن القول: بأن أحد أسباب تزايد نفوذ البدو بهذه القوة في هذه الحقبة بالذات، يرجع إلى بروز قوة الوهابيين في الجزيرة العربية، وانتشارهم باتجاه الشام (1809) ومنعهم قوافل الحجاج السورية من الوصول إلى الحجاز، مما دفع سليمان باشا والي صيدا إلى الاستعانة بالبدو، واستقدامهم إلى طبريا لمحاربة الوهابيين،

والحد من تدخلهم في البلاد، وكان على رأس القبائل التي استعان بها قبيلة بني صخر، وقبائل التركمان في منطقة صفد[10].

وفي عام 1811 قامت مجموعة من عشائر (الطرابين والتياها) في النقب بنهب قافلة تجارية مصرية من منطقة السويس، فتوجه محمد علي باشا حاكم مصر إلى سليمان باشا حاكم صيدا لمعالجة الأمر لكون اللصوص من منطقة غزة التابعة لسلطته، وقد توجه سليمان باشا بدوره إلى محمد آغا حاكم غزة (1807-1818) والمكنى (أبو نبوت)[11]، طالبا إليه بتأديب الجناة.. وإعادة المنهوبات إلى أصحابها، ولكن سليمان باشا لم يتعاون مع الآغا (أبو نبوت). وعلى ما يبدوا كان هو السبب وراء الهجمة[12]. في محاولة منه لتوجيه أنظار اللصوص نحو مصر، وبعيدا عن منطقة نفوذه.

وقد شهدت الفترة ما بين (1813-1816) معركة (أبي سرحان) التي انطلقت شرارتها عام (1799)، وبلغت ذروتها في هذه الحقبة وذلك عندما استغل الطرابين التياها ضعف السلطة العثمانية على أثر الحملة الفرنسية ، وانتشروا باتجاه الشمال لسيناء طمعًا في الحصول على أراضٍ أكثر خصوبة وعلى حساب قبائل (العطاونة والجبارات) هذه المعارك ـ والتي حملت اسم الزعيم من الطرابين الذي قدم من مصر لمساندة عشيرته في النقب قد انتهت بهزيمة (الجبارات) ومقتل زعيمهم (الدقس)[13] كان بدو النقب أشد بأسا وقسوة ونفوذا مقارنة مع بدو الجليل والجولان في الشمال، وذلك عائد إلى كون الجليل والجولان تقع تحت حكم مباشر من قبل ولايتي دمشق وصيدا. أما النقب، وإن كان ينسب للولاية إداريا.. فلم يكن لوالي صيدا سلطان مباشر وفعلي عليه، أو حكما نافذا فيه، إذ كان عمليا وواقعيا خارج سلطة العثمانيين، وهكذا.. أصبحت غزة المتاخمة لحدود الصحراء هدفا لغزواتهم وأطماعهم وضرباتهم، فقد كانت غزة محاطة بقبائل وعشائر أشار إليها الدارسون

لفترة الحملة الفرنسية، وأشهر هذه القبائل: التياها والطرابين، وعرب البرانق، والحناجرة، والوحيدات، وحسب ما ورد في مذكرات الدارسين ، فقد كان لقبيلة الوحيدات ما يقارب 9000 فارس[14]. مما يدل على مدى قوة هذه القبائل، والتي عمدت حال شعورها بضعف السلطة العثمانية إلى السيطرة على مدن وقرى المنطقة، وعلى رأسها غزة، وحتى الزعيم القوي (أبو نبوت) لم يتمكن من الصمود في وجههم طويلاً، فبعد صراع طويل معهم ومع (الهنادي) التي قدمت من مصر في فترة حكمه لغزة واستوطنت المناطق المحيطة بها[15]، رافضةً كل أوامره (أبو نبوت) لها بالرجوع إلى مصر، مما حمله على إعداد قوة لطردهم ، ولكن الهنادي تمكنت من قهره على الرغم من المدد الذي وصله من سليمان باشا[16].

منذ نهاية حكم (أبو نبوت) (1818)، وحتى الاحتلال المصري لأرض فلسطين، تعاقب على حكم غزة ثمانية ولاة: مصطفى آغا (1818)، حسين آغا (1821-1826) صلاح آغا(1827)، محمد سليمان زينة آغا إبراهيم بازي آغا، وسعود الماضي[17].

من هذا التعاقب السريع، نستنتج أن العثمانيين كانوا قد فقدوا السيطرة على الوضع بسبب هجمات البدو ومشاكلهم، الأمر الذي تمثل بفقدان ثقة العثمانيين بولاتهم، والتغييرات السريعة التي كانت تتم، وبلا تردد ساهمت في ازدياد حالة التوتر وعدم الاستقرار وتردي الأوضاع الأمنية باستمرار.

لم يكن من الغرابة بمكان ... أن يقوم قاضي غزة بتوجيه نقده واستيائه من الوضع وترحمه على زمن (أبو نبوت)، وتوجيه التهم وإلقاء المسؤولية عن تدهور الوضع، إلى عبد الله باشا الوالي، إن الحكام اليوم لا يفعلون شيئا من أجل منع الهجمات البدوية حتى بات ستة آلاف بدوي يتحركون بحرية ومن غير أن يحرك عبد الله باشا جيشه لمحاربتهم

ومما جاء في انتقاداته: "إن حكامنا كرمال الصحراء دائم الظمأ. تتسرب ثروة البلاد إلى خزائنه كما تتسرب مياه الأنهار إلى البحر بينما السكان يتململون ويئنون وكان لم يكفهم ثقل وطأة الضرائب الفادحة حتى تذهب ثمار أشجارهم وغلال حقولهم طعاما لعربان البادية الشرهين. إن هؤلاء العرب السلابين ينهبون في كل عام من منطقة غزة ما تقدر قيمته بأكثر من عشرة آلاف (كيس). هم يفعلون ذلك ومتسلمنا لا يأتي بأي عمل لإيقاف تعدياتهم. حينما كان أبو نبوت حاكما على هذه البلاد كان البدو قليلي الجسارة وكانت الحاصلات في حرز حريز. وبفضل سهره على إقرار الأمن وفرض العقوبات على المجرمين ألجأهم إلى الخلود وإلى السكينة"[18].

هذه المطرقة في الحقبة، لم تكن ثقيلة على أهل غزة وحدهم، بل طالت ضرباتها الثقيلة والموجعة أهل سائر المدن والقرى في أرض فلسطين، وخاصة في فترة عبد الله باشا، الذي فرض على المواطنين ضرائب ثقيلة، مما حمل المواطنين على الثورة والتمرد الذي امتد على مدى السنوات (1820-1830) وتمركز التمرد في جبال نابلس[19].

جهز عبد الله باشا جيشا بمساعدة بشير الشهابي حاكم جبل لبنان، وتوجه إلى نابلس (1830) وبدأ بتوجيه ضربات موجعة للثوار وللسكان على السواء مدة شهور عديدة، مما حمل قاضي غزة على القول: "البدو يسرحون ويمرحون حيث شاءوا وأكثر من ستة آلاف منهم منتشرون في البادية المجاورة فعلى هؤلاء كان يجب أن يجرد عبد الله باشا جنوده لا على الفلاحين النابلسيين لقد طفح كيل الاستياء من هذه الحالة"[20].

زاد هذا الواقع من ثورة الناس وغليانهم، ونقل فتيل الثورة إلى كل مدن فلسطين وقراها، وحمل أهل غزة على التحالف مع عشائر الطرابين والتياها[21]، بعد أن

اقتنعوا تماما أن الوالي ينهب أموالهم، ولا يقدم لهم شيئا بالمقابل، ولا يبدي أي استعداد للدفاع عـنهم، ولم يبق أمامهم سوا أن يتحالفوا مع جيرانهم (أعداء الأمس) لمواجهة العدو المشترك.

لم يفلح عبد الله باشا في القضاء على التمرد واكتفى بتهديد المتمردين بالعهد الذي بينه وبين محمد علي باشا حاكم مصر، وبأنه سيستغل هذا العهد لطلب الدعم منه للقضاء على المتمردين (22).

وفعلاً .. قام حاكم مصر بإرسال جيش عـام (1831)، ولم يكتـف بالقضـاء على التمرد فقـط، بـل قام باحتلال كل أرض فلسطين، وهكذا.. وجد البدو الفرصة سانحة ليقوموا بأعمال النهب كـما يحلو لهـم، وقد كان بدو النقب أشد المتحمسين لذلك، فبادروا وعند انشـغال عبـد الله باشا في قتال المتمـردين في نابلس إلى نهب غزة وجوارها، حتى بلغ مقدار ما نهبوه حوالي عشرة آلاف كيس (23).

وقد كان انشغال عبد الله باشا بالحرب، سبباً لانتقـال عشـيرة بنـو عطيـة مـن شرق الأردن ونزولها في النقب، تتجول فيه بحثا عن المرعى والمقر مـما حـدا بعـزام الهزيل، شـيخ عشـائر التياهـا ـ أن يطالبـه بضريبة الحماية، حتى يسمح لهم بالرعي بحرية. وعندما رفض بنو عطيـة عرضـه وتوجهـوا نحـو بـئر السبع ـ رأى الشيخ الهزيل بذلك إهانة له، ومساً بمكانتـه وهيبتـه، فكـون جيشا مـن التياهـا الطرابـين والحناجرة وفلاحين من جبال الخليل ودحر بني عطية في معارك "المشـاش، وادي عرعـرة، رخمـة وأبـو التلول". وحملهم على الجلاء عن النقب حتى توصلوا إلى اتفاق بينهم يقضي ـ بـأن تكـون وادي العربـة الحد بين بدو النقب، وبدو شرقي الأردن على أن يسمح لبني عطية بالـدخول إلى النقب لشراء القمـح فقط، ويؤدون الجمارك عن كل جمل يحمل قمحا ويعبر إلى الأردن (24).

2. تحكم البدو بالطرق

إضافة لتسلط البدو على السكان عمدوا أيضا إلى التحكم بالطرق الرئيسية في شمال البلاد، وخاصة تلك التي تصل طبريا بمناطق غور الأردن، والناصرة مع نابلس والتي وقعت ضمن منطقة تحرك قبائل الصقر.

(Borkardet) أشار إلى أنه عندما أراد أن ينتقل بين طبريا وجبل الطابور (في المرج) في مطلع القرن التاسع عشر، أخذ معه حراسا لخطورة التحرك في المنطقة آنئذن. كما أشار إلى أن القوافل التجارية كانت تسير بأعداد كبيرة ومتراصة خوف السطو عليها ونهبها[25].

(Borkardet) تحدث بدوره عن تعرضه للسطو عام (1816) عند زيارته لمنطقة الجليل الأسفل مرورا بجبل الطالور[26].

الطريق من الناصرة إلى الخليل مرورا بجبال نابلس، كانت أقل خطورة في تلك الحقبة، وعلى الرغم من ذلك يشير (Terner) (1820) إلى أن المسافر في المنطقة كان يضطر إلى الأخذ بأسباب الحيطة والحذر[27].

وفي جنوب البلاد، لم يكن الأمر مختلفا .. فالطريق الواصل بين القدس والخليل كانت خطرة جدا بسبب قربها من مناطق تواجد وتجول البدو والفارين من قبضة السلطات[28]. وكذلك الأمر على طريق القدس أريحا مرورا بنهر الأردن والبحر الميت التي كان يسيطر عليها عرب التعامرة والمساعيد[29].

وهكذا .. أصبح البدو يتحكمون بالطرق الواقعة بين شرقي الأردن والنقب وسيناء وكذلك طريق الحج من سوريا إلى الحجاز، ومن مصر إلى الحجاز وكذلك الطريق الواصلة بين مركز سيناء (سانتا كاترينا) إلى البتراء والعقبة بالأردن، وطريق

البحر الميت وصولاً إلى أريحا والخليل والقدس كل هذه الطرق كانت تقع تحت سلطة البدو، ومعرضة دائما لهجماتهم[30].

لم يغفل البدو عن أهمية هذه الطرق، وأهمية قدرتهم على السيطرة عليها وجعل السلطات العثمانية والموالين لها عاجزين عن إحلال الأمن فيها، بل قاموا باستغلال هذا الواقع لتوسيع نفوذهم سياسيا واقتصاديا وبعدة طرق ووسائل، منها: نهب القوافل، فرض الجمارك والإتاوات[31]، فرض رسوم المرافقة على الطرق للحماية، وتأجير الجمال وتسيير القوافل لحسابهم الخاص[32].

ويشير Stevens إلى أن أحد البدو قال له: "نحن أسياد الصحراء، وكل من يمر فوقها عليه أن يؤدي الضرائب لنا" [33].

3. آل ماضي وسلطانهم على حيفا وعتليت ونابلس (1804-1830)

إن بسط (آل ماضي) سلطانه على المنطقة ما بين حيفا وعتليت وصولا إلى الجهة الغربية من جبل نابلس في الفترة ما بين (1804-1830) ـ تشير إلى مدى ضعف العثمانيين وسلطانهم داخل البلاد من ناحية وعلى سطوة البدو من ناحية أخرى.

بيت ماضي، قبيلة بدوية من قبائل (الوحيدات) إحدى قبائل بدو الجنوب[34]، وكان أول عهدها في الشمال سيطرتها على الناصرة، ثم مرج ابن عامر وحيفا ـ والقسم الغربي من جبل نابلس وقد لقب زعيمهم بشيخ مشايخ جبل نابلس[35].ان هذه القبيلة سيطرت على هذه المنطقة حتى عام 1735. في هذه السنة دارت معركة بينها وبين قوات ظاهر العمر, المعركة جرت في منطقة مرج ابن عامر. والغلبة كانت من نصيب ظاهر العمر ومن نتائج هذه المعركة استيلاء ظاهر العمر على مناطق نفوذ آل ماضي[36].

منذ تلك الفترة لم يصل آل ماضي لمركز سلطة حتى بداية القرن التاسع عشر. وذلك بسبب قوة ظاهر العمر ومن بعده احمد باشا الجزار. منذ عام 1735 وهذه القبيلة تنتظر فرصتها، وهذه الفرصة حانت مع وفاة الجزار عام 1804. ان هذه القبيلة بقيادة زعيمها الشيخ مسعود استولت على السهل الساحلي وخاصة المنطقة ما بين حيفا وعتليت وفيما بعد: استولوا على القسم الغربي لجبل نابلس[37].

لم يرغب سليمان باشا والي صيدا - ومعاونه علي باشا بإثارة الشيخ مسعود ضدهم، وآثروا التودد إليه، واستشارته في الأمور بل والأخذ بمشورته، وكذلك أوكلا إليه جباية الضرائب من سكان المناطق الساحلية[38].

وعلى أثر ذلك، تكونت علاقات مشحونة بين الشيخ مسعود، وحاييم فرحي - المساعد المالي للوالي سليمان باشا، وقد أكثر (العورة) من وصفه لهذه المشاحنات في كتابه عن سليمان باشا[39]. وكانت أسباب هذه البغضاء والشحناء بينهما ترجع إلى شعور الشيخ مسعود باشا، بان حاييم فرحي يقاسمه النفوذ عند الوالي، وقد استمرت الصراعات بينهما إلى أن قتل الفرحي (24 آب، 1820) على يد عبد الله باشا[40] والي صيدا(1819-1831) الذي ورث الولاية عن أبيه، استمر بنفس النهج في علاقته مع الشيخ مسعود وكان شديد الحذر من إثارته ضده، لأن فترته كانت فترة تمردات لا حدود لها .

في سنة 1820 وقع خلاف بين عبد الله باشا (ابن سليمان باشا) والأمير شهاب في جبل لبنان. وعلى أثر مماطلة الأمير شهاب في تأدية الضرائب المطلوبة منه إلى الوالي عبد الله باشا عندها تقدم الشيخ مسعود.. واستطاع وعن طريق المكاتبة أن يقنع الأمير شهاب بالنزول عند طاعة الوالي، ودرأ الخلاف[41]، الأمر الذي زاد من نفوذ الشيخ مسعود لدى الوالي وتوج هذا النفوذ بتعيين الوالي عبد الله باشا، للشيخ

مسعود حاكما على نابلس (1830) بهدف القضاء على هجمات البدو، واستمر بمنصبه حتى الاحتلال المصري للبلاد (1831).

قبيلة (الماضي) رفضت الاحتلال المصري كسائر البدو لأنهم رأوا فيه تهديدا لمصالحهم ونفوذهم، وانضم الشيخ مسعود إلى التمرد ضد الحكم المصري في محاولة لدحره. ولكن المصريين تمكنوا منهم. وقتلوا وأسروا الكثيرين من البدو بعد أن تمكن قسم منهم من الفرار إلى (اسطنبول) حيث حظوا بالحماية والاحترام من قبل السلطات العثمانية لوقوفهم إلى جانبهم في حرب المصريين، وعندما هدأت الأمور وعادت إلى سابق عهدها، عين كل من عيسى (إبن الشيخ مسعود) واليا على صفد، وياسين (شقيق الشيخ مسعود) حاكما على غزة، ومحمد (الماضي) حاكما على حيفا ⁽⁴³⁾.

وفي سنوات الخمسين من القرن التاسع عشر، بدأ نجم عائلة (الماضي) بالأفول ليبرز مكانهم نجم (عقيل آغا الماضي) كما سنرى فيما بعد.

مصادر الفصل الخامس

1. بن اربية، يهوشع. أرض إسرائيل في القرن التاسع عشر اكتشافها من جديد، (القـدس، 1970)، ص3 (فيما بعد: بن أرييه) .

2. أبو عز الدين ، سليمان. إبراهيم باشا في سوريا، (بيروت، 1929)، ص 69 (فيما بعد: أبو عز الدين).

3. دينور، بن تسيون (محرر). كتـاب تـاريخ الهجنـاة، ط5، (معرخـوت، 1965)، ج1، ص 6 (فـيما بعـد: تاريخ الهجناة).

4. فيلنئي، 2، ص 235 .

5. Seetzen, V. j., Reise durc syrien, palestina, phonicien, di Transjordan, Arabia petraea und unter aegypten, (Berlin, 1854), vo1 .2, p. 154).(فيما بعد: سيطزن).

6. Turner, w., Journal of a Tour in the levant, (London, 1820), vol. 2, p. 127; Burckhardt, J.L., Travels in Syria and the Holy land, (London, 1822), pp: 343-344. (فيما بعد: بركهاردت، سوريا)

8. ربما، إن قلة السكان في هذه المنطقة تنبع من وجود البدو في هذه المنطقة كل أيـام السـنة، كـما إن هذه المنطقة هي منطقة عبور، حيث انتقل البدو من شرق الأردن إلى فلسطين عبر هذه المنطقـة .

9. بركهاردت، سوريا، ص 726 .

10. العودة، إبراهيم. <u>تاريخ ولاية سليمان باشا العادل</u>، دار المخلص، (لبنان 1936)، ص ص: 98- 103 (فيما بعد: العودة) .

11. أطلق عليه هذا الاسم لأنه كان يمسك بيده عصا (نبوت) والذي كان يخيف به السكان، ولذا أطلق عليه العرب اسم أبو نبوت. انظر فيلنئي، 2، ص 236.

12. أبو عز الدين، ص 181 - 182؛ رستم، أسد. <u>المحفوظات الملكية المصرية</u>، 4 أجزاء، طبعة ثانية، (لبنان، 1987)، وثيقة رقم 23 (فيما بعد: رستم، وثائق).

13. Baily, C., " The Negev in the nineteenth century Reconstructing From Bedouins Oral traditions" , <u>Asian and African studies,</u> (March 1980) , pp:47-55. (فيما بعد: بيلي النقب)

العارف، عارف. <u>تاريخ بئر السبع وقبائلها</u>، (القدس، 1934)، ص ص: 165- 168. (فيما بعد: تاريخ بئر السبع وقبائلها).

14. <u>علماء الحملة الفرنسية – وصف مصر</u>، ترجمة زهير الشايب، (القاهرة، 1978)، ج2، ص ص: 22-23، 26-27؛ نفس المصدر ج4، القسم الأول 16.

15. ابو عز الدين، ص 69 ؛ صباغ، مراد مصطفى، <u>بلادنا فلسطين</u>، ط4 (بيروت، 1988)، ج8، ص 65 (فيما بعد: بلادنا فلسطين) .

16. بلادنا فلسطين، ج8، ص ص: 94-95 .

17. المبيض، ص 339 .

18. أبو عز الدين، ص ص: 69 - 70.

19. عبد المنصف، محمود، إبراهيم الفاتح، (القاهرة، 1984)، ص 156؛ النمر، إحسان، تاريخ جبل نابلس والبلقاء، (نابلس، 1961) ج2، ص ص: 396 - 397.

20. أبو عز الدين، ص ص: 69 - 70.

21. العارف، عارف، تاريخ غزة، (القدس، 1943)، ص ص: 185-187 (فيما بعد: تاريخ غزة)؛ رستم وثيقة رقم 90.

22. رستم، وثائق رقم: 90، 93، 94.

23. المبيض، ص 339.

24. بيلي، النقب ص ص: 58-80 ؛ تاريخ بئر السبع وقبائلها، ص ص: 169-170.

25. بركهاردت، سوريا، ص 332.

26. Buckingham, J.L., Travels in Palestine, (London, 1816), p.111

(فيما بعد: بيكنجهام)، هذه الطريق كانت اقل خطورة وذلك بسبب كثافة السكان في المنطقة حيث زادت من امن المارين بها.

27. تيرنر، ص 149.

28. نفس المصدر، ص 260.

28. Burckhardt, J. L., Notes on the Bedouin and Wahabys, collected during his travels in the East, (London, 1831), p. 27. (فيما بعد: بركهاردت، ملاحظات)

30. شارون، البدو، ص ص: 56-57 .

31. ان هذه الضريبة جبيت بالطريقة التالية: كان البدو ينتظرونهم في الطرقات بمجموعات كبيرة ويأخذون منهم الأموال، حسب فرمان مؤرخ، 9 سبتمبر 1706 بداخل: كوهين، أ أرض إسرائيل في القرن الثامن عشر، ص 213 .

32. Mao`z, M., Ottoman Reform in Syria and Palestine 1840-1861, (Oxford, 1968), pp: 5, 9, 45, 129-133 (فيما بعد: معوز، التنظيمات)؛

شارون، البدو، ص ص: 57-60

33. Stephens, J.L., Incidents of travel in Egypt , Arabia petraea and the Holy land , (New-York , 1838) , p. 203(فيما بعد: ستيفانز) .

34. دروزة، محمد عزت، العرب والعروبة، ط2 (صيدا ، 1980) ص 213 (فيما بعد: دروزة)؛ شولش، الكندر، تحولات جذرية في فلسطين 1856-1882، ترجمه من الالمانية، كمال جميل العسلي، طبعة ثانية، (عمان، 1990)، ص 217 (فيما بعد: شولش، تحولات) .

35. نفس المصدر، ص 25 .

36. الصباغ، ص ص: 50-52 ؛ دروزة، ص 214 .

37. العودة، ص ص: 228-229 ؛ شولش، تحولات، ص 217 ؛ دروزة، ص 215 .

38. Scohosh , A., "The Decline of Local power in Palestine after 1856, The case of Agil Aga", <u>Die Welt des Islams</u>, XXIII and XXIV(1984) p.461 :فيما بعـد (شولش، عقيل آغا).

38. العورة، ص ص: 228-229 ؛ دروزة، ص ص: 215-217 .

39. نفس المصدر، ص ص: 231-251 .

40. دروزة، ص 217 .

41. مشاقة، ميخائيل، <u>مشهد الأعيـان بحـوادث سـوريا ولبنـان</u>، (مصر 1908)، ص ص: 71-96؛ حيـدر أحمـد شـهاب، <u>لبنـان في عهـد الأمـراء الشـهابيين</u>، (بـيروت، 1933)، ج2، ص ص: 657 -675، 682؛ دروزة، ص 219 .

42. أبو عز الدين، ص 69؛ شولش، عقيل اغا، ص 461 .

43. دروزة، ص 220؛ شولش، تحولات، ص 218؛ شولش، عقيل اغا، ص461.

الفصل السادس: البدو إبان الحكم المصري (1831-1840)

1. المعارضة والتمرد على الاحتلال (1834)

سارعت القبائل البدوية إلى الاعتراض على الحكم المصري، كعادتها في اعتراضها على كل نظام حكم. وفي تشرين الأول (أكتوبر،1831)، أقدمت قبائل العطاونة والجبارات، في منطقة غزة على مهاجمة الجيش المصري المحتل أثناء

تناولهم الفطور، ولم تستمر المواجهة أكثر من ساعتين حتى تمكن المصريون من صد المهاجمين وقتل زعيمهم سالم العطاونة، وعلى أثر ذلك رحلت القبيلتان بعائلاتهم وأموالهم، ونزلوا في المناطق الواقعة شرقي بئر السبع[1]. حيث نظموا صفوفهم من جديد، وفي كانون أول (نوفمبر) (1831) قاموا بمهاجمة غزة من جديد[2]. في حين تحركت القبائل المحيطة بها (غزة) لشن هجمات متتالية عليها[3]. حتى اضطر إبراهيم باشا في شباط (فبراير) (1832) إلى طلب المساعدة والمدد من مصر ليتمكن من صد هذه الهجمات[4] وكذلك تقدم أحد شيوخ قبائل الهنادي، البدوية المصرية، المتواجد مع جيش إبراهيم باشا بطلب من حكومة مصر بالسماح لأبناء عشيرته (الهنادي) بالنزوح من الشرقية إلى غزة مع شيخهم (بركات) في محاولة لكبح جماح البدو، والحد من هجماتهم على غزة[5].

وعلى الرغم من كل ذلك.. يصعب القول بأن الحكومة المصرية استطاعت أن تسيطر تماما على الوضع، بل عادت قبائل بدو النقب إلى مهاجمة غزة وضواحيها من حين إلى آخر خالقة جواً من التوتر وعدم الاستقرار بحيث وجدت السلطات المصرية نفسها مضطرة إلى محاولة ملاحقتهم بهدف تأديبهم[6] . الأمر الذي استمر تباعاً حتى انفجر التمرد الكبير (1834) والذي اشترك فيه البدو مع الفلاحين في كل البلاد الفلسطينية ضد سلطان إبراهيم باشا والذي اعتبرت تمردات البدو (1831-1832) مقدمة له، إضافة إلى عدة أسباب ومقدمات أخرى كانت سببا في اندلاع التمرد الكبير والشامل (العام)[7] أهمها:

1. الضرائب الثقيلة والباهضة التي فرضتها السلطات المصرية على السكان.
2. فرض التجنيد الإجباري على المواطنين ومن ضمنهم البدو حيث طالبت السلطات المصرية بتجنيد 2000 رجل من نابلس و1500 من محيط القدس، 200 رجل من القدس ذاتها، و500 من الخليل[8] ، ان التجنيد كان غريبا

بالنسبة للمواطنين فجوبه بالرفض والتمرد وخاصة مـن البـدو الـذين لم يعتـادوا عـلى التجنيـد النظامي من قبل.

3. تجريد السكان المحليين من السلاح وخاصة البـدو بهـدف شـل قـدرات المـواطنين وعـلى رأسهـم البدو ـ على التمرد أو رفض الأوامر، الأمر الذي أثار الرفض والتمرد أكثر وأكثر [9].

لقد أرعبت قوة إبراهيم باشا الجبارة وقبضته المحكمة والقاسية السكان في البلاد، وأثارت البـدو الـذين يرفضون أصلاً أي سلطان عليهم، أو فـوق سلطانهم. ويتمـردون عـلى كـل قبضـة تحـاول النيـل مـنهم والتضييق عليهم، لذلك كان من الطبيعي أن يتمردوا على المصريين. هـذا التمـرد الـذي بـدأ بمناوشـات صغيرة هنا وهناك. إلى أن جاء التمرد الكبير(1834) والذي وحّد البدو والفلاحين في كـل البـلاد. واتسـع ليشمل بدو الأردن. ومنطقة البحر الميت الذين انضموا للتمرد وبتشجيع من السلطات العثمانية [10].

في تاريخ (21 أيار 1834) أعلن الحاكم لمدينة الخليل (إبراهيم آغا) وقائد قوات المشـاة الثانيـة عشر ـ (مصطفى آغا) عن أعمال شغب في منطقة الخليل، وكشفوا عـن أعمال عدائيـة قـام بهـا فلاحـون مـن منطقة سعير (شمال شرق الخليل) وبدو التعامرة المجاورين لهم، حيث قـام هـؤلاء بمهاجمـة المصريـين المخيمين على مقربة من الخليل. وحين تحـرك المصريـون لوضـع حـد لهـذه المشـاغبات واجهـهم البـدو وسكان قرية سعير وتمكنوا من دحرهم، وتكبيدهم خسائر كبيرة بـالجنود والأمـوال والعتـاد [11]. وبينـما كنت المعركة دائرة بين عرب التعامرة وفلاحي سعير من جهة، والمصريين من جهة أخرى، أخذت جموع البدو والفلاحين تتسلل من منطقة القدس وغور الأردن ناثرة قواتها التي بلغت قرابة العشرين ألفا عـلى الجبال المحيطة

بالقدس لتنظم صفوفها وتزحف ببطء نحو مدينة القدس . مما دفع الحامية المصرية وقوامها 600 جندي أوكلت إليها مهمة حماية المدينة إلى إغلاق أبواب المدينة[12].

انتظر المتمردون حتى خيم الظلام، ثم شقوا طريقهم إلى داخل القدس عن طريق نفق سري، وكان شيخ التعامرة أول الداخلين إليها. وأعملوا السلاح في الحامية المصرية التي فقدت معظم أفرادها، ولاذ البقية بالفرار، ليتمكن البدو ومن معهم من السيطرة على مدينة القدس، الأمر الذي دفع بجموع البدو المتواجدة في غور الأردن إلى إعلان التمرد على السلطات المصرية، والزحف بقوة تقارب 4000 جندي لمساعدة المتمردين، بينما راح الأهالي، ينهبون كل ما تصل إليه أيديهم [13].

وعلى الجانب الآخر وفي منطقة الجليل في الشمال، كانت قبائل الهوارة التي قدمت عكا إبان فترة الجزار، وعوملت باحترام، حيث تلقت المعاشات مباشرة من السلطات، إذ آثر إبراهيم باشا التعامل إليهم بالليونة، فقرب زعماءهم إليه، مع مجموعة من الزعامات البارزة الآخرين من الجليل، وخاصة منطقتي عكا والناصرة [14].

ومع تقدم الأيام واستتباب الأمر تدريجيا لإبراهيم باشا في المنطقة. بدأ يقبض يده، ويشدد قبضته، ففرض الضرائب الباهظة على القبائل، وبدأ يجرد الزعماء من صلاحياتهم تدريجيا[15]. ويضيق عليهم مما دفعهم إلى الانضمام إلى صف المتمردين، وسارع إبراهيم باشا إلى إصدار أوامره إلى حاكم عكا بقطع رواتب رجالات الهوارة وطردهم من عكا وقضائها[16].

لكن البدو لم يستسلموا ، بل حاولوا ، وبالتعاون مع المتمردين من الفلاحين في الجليل احتلال عكا، مما دفع بإبراهيم باشا إلى الاستعانة بلواء الفرسان الخامس بقيادة (أحمد بيه) من بعلبك[17] لإنقاذ المدينة من المتمردين الذين تمكنوا وقبل وصول المدد من الدخول إلى المدينة، ونهب البهائم، وتدمير المعامل فيها[18] وقد

بلغ التمرد قمته عندما حاول البدو القضاء على اللواء التاسع عشر للجيش المصري في الرابع من حزيران 1834. وهذه المرة.. استعان إبراهيم باشا باللواء المرابط في دمشق، وقوامه 1500 جندي. وقد لبى اللواء النداء، واختار قائده سلوك الطريق القصيرة عبر القنيطرة مرورا بجسر ـ بنات يعقوب إلى طبريا. ومنها إلى مرج ابن عامر ليصل إلى يافا. حيث من المنتظر أن يساعد في فك الحصار عن الفيلق التاسع عشر. ولكن عندما وصل إلى منطقة المرج في 14 حزيران اصطدم مع قوات قبائل الصقر والصبيح، ومعهم جمع من فلاحي المنطقة(19). التي تمكنت من القضاء على الفيلق، وسلب جميع معداته(20) ولم ينج من الفيلق سوى 30 رجل بينهم القائد الجريح (مصطفى بك) الـذي أرسل إلى مصر ـ للعلاج فور وصوله إلى عكا مع ما تبقى من رجاله(21). مع توصية من إبراهيم باشا بعزله(22).

كذلك انضم سكان منطقة الساحل بين الكرمـل وعتليت إلى التمـرد وفي مقدمتهم قبيلة آل ماضي البدوية التي رأت بالاحتلال المصري للبلاد مساً بمكانتها كما رأت أن مـن واجبها الانضمام إلى التمرد للقضاء على المحتل المصري الذي سلبها سلطانها ومكانتها، وبدخول هـذه القبائل في حلف المتمردين قطعت طريق الواصل بين المركزين الأساسيين للوجود المصري(عكا ويافا). ولم يعد الاتصال بينهما ممكنا إلا عن طريق البحر(23). كما سارعت قبائل البدو في النقب لتكون في طليعة المتمردين (1834). وكانت من أخطر المتمردين على الوجود المصري كونهم يتحركون بحرية بين شطري الأردن وتمكنوا من مهاجمة المصريين الذين حاولوا التحرك عبر نهر الأردن، كما مدّوا الفلاحين في منطقة الخليل بالعون ليصمدوا في تمردهم، وكذلك من مآزرة بدو منطقة غزة في الهجوم على القوة المصرية المرابطة هناك ، مستغلين ضعفها، وكونها تتألف من عدد قليل من الفرسان (الخيالة) وبعض المئات من البدو غير المنظمين، الأمر الذي جعل قائد الحامية

المصرية (علي بك) يتردد في الخروج لمواجهة التمرد[24]. وبتقاعسه هذا، شجع قبائل أخرى في المنطقة على الانضمام للتمرد، وفي مقدمتهم قبائل (الوحيدات والجبارات) الذين نزلوا في المناطق الشرقية من غزة .

وهكذا انتشر التمرد ليمتد إلى القرى المحيطة بغزة وليضم إليه الفلاحون المقيمون فيها، وصولا إلى تل الحاسي[25]. وفي أثناء ذلك، قامت مجموعة من المتمردين من (بيت جبرين) وبمؤازرة البدو من منطقة غزة بالسيطرة على المنطقة الساحلية شمالي غزة، وقطع الإمدادات عن يافا كما هاجموا محطة بريد أشدود، وأجبروا الحامية المصرية فيها على الفرار إلى داخل غزة، [26] وهكذا .. ضيّق الخناق على غزة تماما، وباتت محاصرة من جميع الجهات ما عدا جهة البحر (حي الرمال) وباتت معنويات الجنود المصريين القلائل، وقياداتهم في هبوط مستمر وبدأوا بإطلاق نداءات الاستغاثة إلى محمد باشا في مصر- مباشرة، وبواسطة أحمد بك قائد اللواء الخامس المرابط في عكا[27].

في 21 حزيران... جاء الرد من محمد باشا بقدومه إلى غزة بنفسه على رأس قوة لتخليص غزة، والقضاء على التمرد [28]، هذا التمرد الذي لم يتمكن من الدخول إلى غزة على الرغم من ضعفها[29]. وجه محمد علي باشا قوة إلى مدينة القدس قوامها 500 رجلا، عبر ميناء يافا، وعند وصولها إلى القدس بعد ثلاثة أيام من نزولها في ميناء يافا كانت خالية من المتمردين، فقد تركوها خوفا من سطوة محمد علي باشا.

أكمل الجيش المصري زحفه نحو الخليل، التي كانت تشكل مركزا مهما للمتمردين[30] واستمر في زحفه عبر جبال السامرة نحو نابلس التي تمكنوا (المصريين) من إخضاعها أيضا والمضي- قدما نحو جبال الجليل للقضاء على بقية معاقل المتمردين[31]، وبعد انجاز مهماتهم في أرض فلسطين تابع المصريون طريقهم نحو الأردن حيث واجهوا مقاومة ضارية في السلط والكرك، أقوى مراكز

تجمع المتمردين وفي مقدمتهم قبيلة المجالي وقد تمكن المصريون من تحطيم مراكز البدو، وقادوا شيوخ المجالي إلى القدس، حيث تم إعدامهم علناً[32].

وعلى أثر القضاء على أقوى معاقل التمرد ضرب المصريون بيد من حديد قلوب المتمردين ورؤوسهم. وفي تشرين أول (أكتوبر) (1834) شن إبراهيم باشا حملة انتقام من قبيلة (آل ماضي)، فقتل شيخها مسعود وابنه، وقاد بقية زعاماتها وشيوخها البارزين إلى السجون[33]. وكذلك فعل مع قبيلة الجبارات من النقب، وقد أشار الباحث الأمريكي (روبنسون) الذي زار مواقع القبيلة (الجبارات) عام 1838 إلى أن معظم رجال القبيلة قد اقتيدوا إلى السجون، ووضع الجيش المصري يده على أراضيهم وأرزاقهم[34]، أما بدو السامرة والمعروفون بعنادهم الشديد، وصلابتهم فقد اضطروا بعد مقاومة شديدة للإعلان عن خضوعهم لقوات حسن عبد الهادي الموالية للمصريين، وذلك بعد حصار شديد قامت خلاله قوات حسن عبد الهادي باجتياح أراضي البدو وقطع المياه عنهم مما اضطرهم للتسليم، والرضوخ لشروط الجيش المصري بالخضوع، وتسليم السلاح، ودفع جزية سنوية بمقدار مائة قرش عن كل رجل[35]. هذا وقد أصدر إبراهيم باشا تعليماته بتشديد القبضة على البدو، وإجبار رجالهم على الخدمة في الجيش المصري[36] وتشغيل العصاة منهم في الأعمال الشاقة في أحواض بناء السفن[37].

2. سياسة المصريين تجاه البدو

تميزت حقبة الحكم المصري في فلسطين بالتدابير الأمنية المشددة بشكل دائم بهدف ضبط الأمن، وفرض السلطة، ففي أعقاب إخماد ثورة المتمردين من البدو والفلاحين، برزت جماعات بدوية سعت إلى الحفاظ على علاقات سلام وحسن جوار مع المصريين، كما سعوا إلى البرهنة على حسن ولائهم دائماً.

وقد عزا المؤرخ موشيه شارون [38] هذا التدبير إلى كون هذه الجماعات البدوية من القلائل الذين استقلوا في أماكن ثابتة، وبات من الصعب عليهم الترحال لأسباب ثلاثة هي:

1. أن مناطقهم كانت مناطق رعي خصبة، ووفيرة المياه فآثروا الحفاظ عليها.

2. أنهم كانوا ينتمون إلى قبائل صغيرة، ولا يستطيعون مواجهة القبائل الكبيرة.

3. لأنهم كانوا قد تمكنوا، وعلى مدى سنوات طوال من ربط علاقات تجارية واجتماعية. فمثلا : نجد بدو هضبة الجولان، قد آثروا دفع جزية سنوية لحاكم القنيطرة الموالي للمصريين، ليبقوا على علاقاتهم التجارية مع المدن السورية وخاصة دمشق التي كانوا يسوّقون فيها ألبانهم ومنسوجاتهم الوبرية ، ويشترون منها حاجياتهم[39].

وكذلك فعل أفراد قبائل النعيم والوسية من بدو هضبة الجولان فقد كان هؤلاء يسكنون الخيام، ويترحلون، ولكن على نطاق محدود وضمن حدود الهضبة. وكذلك بعض قبائل الجولان من مربي الجاموس والسمك، والذين فرض عليهم مجال عملهم هذا ضرورة البقاء بالقرب من مزارعهم، والتخلي عن نمط الترحال وحياة التجوال، ونزول الصحراء، وبالمقابل، الرضوخ للسلطات المصرية، وتأدية الجزية ودون مقاومة[40].

عاد البدو في سنوات الثلاثينيات (من القرن التاسع عشر) ليعيثوا فساداً وليعملوا كل ما يحلو لهم مستغلين انشغال إبراهيم باشا بحربه في سوريا والأناضول حتى أدركوا حال عودته أنهم أمام خيارين:

الأول: أن يرضخوا لحكم إبراهيم باشا، ومعنى ذلك: أن يأدّوا له فروض الطاعة وأن يدفعوا الضرائب لوقتها، مع التزامهم الهدوء، والاستقرار في مكان واحد ومعروف للسلطات.

والثاني: أن يلتزموا ترك الأماكن المأهولة، والنزوح منها إلى الصحراء، حيث ينتظرهم الجوع والعطش، والصراعات مع أهلها وسكانها وبدوها.

ولكن البدو، الذين لم يرضخوا لسلطان سوى سلطان أحمد الجزار القوي عاشوا فيما خلا تلك الفترة بحرية، يفعلون ما يرغبون، كان من الصعب عليهم الرضوخ لسلطان المصريين، وكذلك صعب عليهم ترك مراعيهم الخصبة والنزوح إلى الصحراء لذلك اختاروا الأصعب، لقد اختاروا مواجهة السلطات المصرية وعدم الرضوخ لشروطه، مما حدا بالسلطات المصرية إلى اتخاذ تدابير تأديبية ضدهم.

كان أهما:

1. استخدام القوة: وقد بدأها إبراهيم باشا ومن لحظة دخوله البلاد، فقد بدأ بضرب البدو بغية الحصول على جمالهم لحاجات جيشه [41]. ولم يتردد المصريون في استخدام القوة ضد كل من يعارضه من البدو، وكان أول من عانى من ضرباته القاسية قبائل (بني صخر) وجيرانهم من شرقي الأردن، حيث عمد إبراهيم باشا إلى إخضاعهم من خلال شن غارات عليهم في الفترة ما بين (1832-1833). وقد استخدم في مواجهتهم سلاح المشاة وسلاح المدفعية وفي ظروف قاسية [42]. الأمر الذي يؤشر على صعوبة المهمة (إخضاع البدو). ولكن الضربات القاسية أذهلت معظم قبائل البدو، وجعلتهم يؤثرون عدم المواجهة وفي سنة 1834، فرّ قاسم الأحمد وابنه يوسف من قادة التمرد، بعد أن تخلى عنهم أنصارهم من البدو، ملتجئين إلى قبيلة عنزة في الصحراء السورية. ولكن هذه القبيلة قامت بتسليمهما

إلى السلطات المصرية خوفا من العقاب[43]. كما التزمت قبائل (عنزة) أمام إبراهيم باشا بحماية نقاط العبور السورية العراقية من هجمات البدو[44].

ولكي يثبت تعاليه على البدو، أبطل إبراهيم باشا عدة "الصرّة" (الضريبة أو المنحة التي كان يدفعها الوالي للبدو لقاء تأمينهم سبيلا آمنا للحجاج، وذلك بمرسوم خاص صدر عام 1833 [45]. وكذلك انضمت قبيلة (السّرديّة) من حوران إلى مجموعة القبائل المسالمة للسلطان وبادروا إلى قطع علاقاتهم مع بني صخر أعداء السلطان المصري[46]. وهكذا مكنوا السلطان المصري من التفرغ ليضرب بشدة كل القبائل المتمردة، وعلى رأسها قبائل (الجبارات، والوحيدات) في النقب، وقبائل التعامرة في منطقة القدس وبيت لحم عام (1834) هذه الضربات التي أتت ثمارها بإضعاف شوكة القبائل ودب الرعب في قلوب القبائل الصغيرة[47].

وقد ذكر عارف العارف أن قبيلة (الجبارات) كانت من القبائل الغنية في النقب. ولكنها عندما تمردت على السلطان المصري، حملت إبراهيم باشا على الانتقام منها فأباح أموالها للقبائل الأخرى للنهب حتى أخضعهم[48]. وكانت قبائل التعامرة آخر من صمد على حربه للمصريين (1834) حتى خرج إليهم والي عكا على رأس بضعة آلاف من الجند ونزل في جبال القدس ونابلس واخذ بمطاردتهم وضربهم، حتى أخضعهم وأرغمهم على دفع الضريبة للخزانة المصرية[49].

2. **إقامة نقاط التفتيش على الطرق الرئيسية**، بهدف منع البدو من التعرض بالأذى للعابرين[50]. وقد أوكلت مهمات التفتيش هذه إلى أفراد من قبائل الهنادي البدوية المصرية القادمة من مقاطعة الشرقية [51]. كانت نقاط التفتيش قد أقيمت منذ بداية الحكم المصري، ففي تشرين الثاني (نوفمبر) (1831) أقيمت هذه النقاط للحفاظ على السلامة في الطرق الواصلة ما بين طبريا والناصرة، وكذلك في منطقة (الشيخ إبريق) و(جسر المجامع) كنقاط مراقبة في منطقة المرج [52]. ولكي تؤدي قوات

الحراسة مهماتها على أتم وجه، أرغم إبراهيم باشا الموطنين على التعاون مع هذه القوات ضد هجمات البدو.

وهكذا وجد الشيوخ في جنين ونابلس أنفسهم مضطرين للتعاون مع السلطان للحيلولة دون وقوع أية أضرار، أو مواجهات مع الأهالي ن ومنعاً لعقوبات أخرى تقع على البدو، أو حواجز تفرض على تحركاتهم، الأمر الذي تبدّى جليا في رسالة إبراهيم باشا من عكا، إلى مشايخ جبل نابلس، وهذا نصها: "لحضرة المشايخ محمد وسليمان عبد الهادي، كنا قد أرسلنا هواري باشا حسين آغا قازات ومعه 130 فارسا للدفاع عن طبريا والناصرة، ونحن نتوجه إليكم برسالتنا هذه من أجل مد يد العون لنا بهدف الحفاظ على الأمن وسلامة المواطنين من هجمات البدو، واليوم نرسل إليكم هواري باشا آغا عون الله، ومعه 94 فارسا ليتمركزوا في الشيخ ابريق لحراسة مرج بن عامر. وهواري باشا محمد آغا العينادي، ومعه 55 فارسا ليتمركزوا في جسر المجاميع لحراسة المنطقة، ولكون هذه المناطق قريبة منكم، فقد أصبح لزماً عليكم مساعدة قواتنا في ضمان أمن المواطنين ضد هجمات البدو"[53]. وعلى نقاط العبور بين غزة ومصر، أقيمت عدة نقاط حراسة قوية لأهمية هذه الطرق كممرات تجاريه وعسكرية مما حول غزة إلى مركز هام، وأقيمت فيها (غزة) عدة مكاتب مركزية للسلطات المصرية [54]. وأوكل لقادة المدينة مهمة الحفاظ على الأمن في مناطق الجنوب " غزة والنقب وحتى القدس". وإدارة شؤونها، كما أوكلت إليهم المسؤولية المباشرة على كل قبائل البدو فيها، ولهذه الغاية (الأخيرة)، أقيمت عدة مراكز دفاعية، وجند لها عدد كبير من الفرسان، تمكنت السلطات بواسطتها من فرض الأمن في المنطقة، حيث كانت تسكن معا قبائل من "الوحيدات" و"الجبارات" و"الهنادي" في مناطق الهوج وتل الحاسي [55].

إن قبائل الهنادي كانت القوة غير النظامية لحالات الطوارئ، وكان لها وزنها في مواجهة البدو في فلسطين[56].

أدت هذه الخطوات والتدابير من قبل السلطات المصرية إلى حصر البدو في مناطق محدودة في الصحراء، وإحلال الأمن في المناطق المأهولة في المدن، الأمر الذي أدى إلى انتعاش اقتصادي بسبب تحرر الفلاحين من خوفهم من هجمات البدو وتوسعهم في فلاحتهم، فأخذوا يزرعون مساحات كبيرة مستغلين أراض زراعية لم يكونوا يجرؤون على زراعتها قبل الحكم المصري، ولأن القبائل البدوية كانت تسيطر عليها مثل: قرى البرير، القبيبة, السكرية، الهوج والكوفحة"[57].

3. نزع السلاح: عمد المصريون إلى نزع السلاح من المواطنين بدواً وفلاحين بهدف تحسين الوضع الأمني، معظم المواطنين عارضوا هذه الخطوة[58] ولكن المصريين نجحوا في نزع السلاح من الفلاحين بداية ، واستمر البدو في حمل السلاح مدة من الزمن بعد ذلك بسبب صعوبة ضبط الأمور في أوساط البدو الرحل خاصة، لم يكن من السهل على أي قائد ضبط الأمور في ظروف تلك الحقبة [59].

4. فرّق تسد: لكي يتمكن المصريون من إضعاف شوكة البدو، عمدوا إلى استخدام سياسة (فرق تسد)، وقد أشار روبنسون (1838) إلى أن حاكم غزة لم يتدخل في الحرب الدائرة بين قبائل التياها والجهالين في مناطق الجنوب، وبين الفلاحين والبدو شرقي الأردن[60]. وباتخاذهم هذا الموقف ضمن المصريون بأن يضعف البدو بعضهم بعضا، الأمر الذي سهل عليهم فرض سلطانهم.

5. تجميع البدو: أدرك المصريون أن الطريقة الوحيدة والمثلى لردع البدو والسيطرة عليهم تكمن في تجميعهم في مناطق ثابتة ومنعهم من التجوال بحرية، فبدؤوا بتنفيذ هذه الخطة في حوران، وفي مناطق المرج، ومنطقة الحاسي قرب

101

غزة. ولكن قصر- فترة حكمهـم لم تمكنهـم مـن تجميـع كـل البـدو وتـوطينهم، إذ سرعـان مـا انهارت وتفككت هذه التجمعات عند خروج المصريين من البلاد (1840)[61].

6. دفع الإتاوات: على الرغم مما ذكره الرحالة ستيفن (1838) من أن حكم إبراهيم باشا كان الأجـدى والأنفع منذ حكم الرومان[62]، فإنه لم يتمكن مـن فـرض سـلطانه عـلى المنـاطق الصـحراوية وتخفيـف صعوبة التنقل فيها بين النقب وشرقي الأردن خاصة، وبسبب ضعف سلطته في مناطق الخليـل الغربيـة [63]، اضطر إلى دفع(الإتاوة) لزعماء القبائل، ليضمن مرور قوافله من مصر بسلام[64].

مصادر الفصل السادس

1. بيلي، النقب، ص ص: 59-60 .

2.رستم، وثيقة رقم 375 .

3. نفس المصدر، وثائق رقم 783-912 .

4. نفس المصدر، وثائق رقم 313، 553 .

5. نفس المصدر، وثيقة رقم 671 .

6. Abir, Mordechai, " Local Leadership and Early Reform in Palestine, 1800-1834",
in Maoz, M., <u>Studies on Palestine during the Ottoman period</u>, (Jerusalem,
1975), pp. 308-310 (فيما بعد، ابير) .

7. أبو عز الدين ، ص ص: 144 – 151، 153، 162-167.

7. Rustum, Asad, <u>The Royal Archives of Egypt and the Disturbances in Palestine</u>
<u>1834</u>, (Beirut , American Press 1938), PP: 53-54.(فيما بعد: رستم) .

9. عن فرض الضرائب، التجنيد، ومصادرة الأسلحة من المجتمع البدوي في فلسطين إبان الحكم
المصري، لم يقال عنه الكثير، ولكن إجراءات مشابهة لذلك اتبعها المصريون ضد البدو في مصر ـ
عن ذلك انظر : عزباوي، عبدالله محمد. <u>البدو ودورهم في الثورة العرابية</u>، (القاهرة ، 1986)،
ص 107. ومن هنا يمكن أن نفهم سياستهم تجاه البدو، كان ذلك في مصر أو في فلسطين.

10. ابو عز الدين، ص 169 ؛ رستم، وثائق، رقم 3438 و 3501 .

11. رستم، وثيقة رقم 3435 .

12. فيلنئي 2، ص ص: 241-242 .

13. Sabry, M., L`Empire Egyptian Souns Mohamed Ali et la Question d`orient
1811-1849, (Paris, 1930), p. 370 (فيما بعد صبري).

14. رستم، وثيقة رقم 3501 .

15. نفس المصدر، وثيقة رقم 2898؛ منصور، أسـعد. تـاريخ النـاصرة، (مصرـ 1924)، ص ص: 70-71
(فيما بعد: منصور).

16. منصور، ص 79؛ رفائيليفتش، حروب الفلاحين، ص 23.

17. رستم ، وثيقة رقم 3501.

18. نفس المصدر، وثيقة رقم 3536.

19. من الصعب معرفة إذا كان عبر عن طريق وادي عارة او عن طريق وادي الملح، ولكن ربما عبر عـن
طريق وادي الملح، لأنة بعيد عن لب الثورة في جبل نابلس .

20. رستم، وثيقة رقم 3486 .

21. نفس المصدر، وثيقة رقم 3503 .

22. نفس المصدر، وثائق رقم 3565، 3785 .

23. دروزة ، ص 220 ؛ شولش ، تحولات، ص 218 .

24. رستم، وثيقة رقم 3485 .

25. Robinson, E., Biblical Researches in Palestine and the Adjacent Regions, AJournal
of Travels in the year 1838,

(Boston, 1856), Vol. 2, pp: 359, 364 , 377-378 (فيما بعد روبنسون 2).

26. رستم، وثيقة رقم 3467 .

27. نفس المصدر، وثائق مختلفة بداخل ج2، ص ص: 407-409.

28. نفس المصدر، وثيقة رقم 3505.

29. نفس المصدر، وثائق رقم 3505 ، 3552.

30. نفس المصدر، وثيقة رقم 3437.

31. قرالي، بولس. فتوحات إبراهيم باشا المصري في فلسطين ولبنان وسوريا، (حريصا، 1937)، ص ص: 42-50؛ أبو عز الدين، ص ص: 169-180؛ رستم، 183، ص ص: 54-82.

32. فيلنئي، 2، ص ص: 241-242 .

33. أبو عز الدين، ص 176؛ دروزة، ص 220.

34. روبنسون، 2، ص ص: 185-191.

35. نفس المصدر، ص 154.

36. Great Britain, Foreign office (F.O.) 195/135, Campbell to Palmerson, 27 June 1836.

37. رستم، وثيقة رقم 3064.

38. شارون، البدو، ص 82.

39. بركهاردت، ملاحظات، ص 21.

40. نفس المصدر، ص ص: 21-23.

41. رستم، وثائق رقم، 890، 931، 1726؛ شارون، البدو، ص81.

42. نفس المصدر، وثائق، 890، 931، 941، 1535، 1726، 1864، 1928، 2752 ، 2857 ، 3387.

43. رفائيليفتش، حروب الفلاحين، ص 16 .

44. أبو عز الدين، 228.

45. رستم، وثيقة رقم 3358 .

46. نفس المصدر، وثيقة رقم 1923 .

47. روبنسون، 2، ص ص: 384-385 .

48. تاريخ بئر السبع وقبائلها، ص ص: 142- 243.

49. روبنسون 2 ، ص ص: 176 – 177، 179 - 180 ، 346 ، 547.

50. رستم، وثيقة رقم 1923.

51. روبنسون 2، ص 390.

52. Rustom, A. Materials for corpus of Arabic documents relating to the history of Syria under Mehemet Ali Pasha, (Beirut, 1930- 1933), p.30.

53. نفس المصدر؛ سواعد، البدو، ص.34

54. نفس المصدر، وثيقة رقم 3947 .

55. روبنسون 2، ص ص: 90 ، 340، 378؛ رستم، وثائق رقم 1778، 1790، 3738.

56. روبنسون 2، ص 378؛ رستم وثائق رقم 375، 3738.

57. روبنسون، 2، ص ص: 384- 385؛ المبيض ص 345.

58. P. E. F., 1906, P. 143

59. ستيفنس، ص ص: 115، 142؛ روبنسون 2، ص ص: 243، 403 -404؛ أبو عز الدين، ص ص: 165-167.

60. روبنسون 2، ص ص: 159، 469، 504، 555.

61. نفس المصدر، ص ص: 384-385 .

62. Lynch, W.f., <u>Narrative of the United States Expedition to the River Jordan and the Dead Sea</u>, (London, 1855), p, 182 (فيما بعد لينتش).

62. ستيفنز، ص 113.

63. نفس المصدر، ص ص: 108-109.

64. نفس المصدر، ص 205.

الفصل السابع: البدو في الفترة بين (1840-1875)

1. مرحلة الانتشار والشغب

بخروج المصريين من البلاد، وعودة الحكم العثماني، انتهت فترة الحكم القوي والمنظم (المنضبط) فيها، وعادت البلاد لتكون مسرحا لانتشار البدو وشغبهم، وإلى ذلك يشير برنت (Brant) القنصـل البريطـاني في دمشق إلى سفير دولته في العاصمة العثمانية اسطنبول عام 1858:

"لما كانت الايالة تحت حكم محمد علي باشا عاد كثير إلى سكنى المدن والقرى المهجـورة, وإلى حراثـة الأراضي المهملة، وهذا ما حدث خاصة في حوران وفي الأرجاء الواقعـة حـوالي حمـص، وفي كل الجهـات الواقعة على حدود البادية، وفي هذه الأماكن أكره العرب (البـدو م.س.) علـى احـترام سـلطة الحكومـة، وجعل السكان بمأمن من اعتداءاتهم.. ولم يكد المصريون يطردون من البلاد، ويتقلص ظل سـطوتهم.. حتى استأنف عرب البادية غاراتهم على السكان، فخلت القرى والمزارع المأهولة من جديـد وبالتـدريج؛ حتى أمكن القول أنه لا يوجد ثم ظل للأمن علـى الحيـاة والأمـلاك، وكل شيء يـدل علـى عـودة حالـة الفوضى إلى هذه البلاد التي تركها المصريون"[1].

فحال خروج المصريين من البلاد، وضعف الحكم فيهـا، عـاد البـدو إلى ممارسـة أعمـال السـطو والنهـب كسابق عهدهم قبل الحكم المصري، فبدأوا بشن غاراتهم علـى أقـوى المـدن وبعنـف، حتى وصـلوا إلى قلب مدينة القدس، وحتى أن قبائل التعامرة، استطاعوا أن يمنعوا موظفي السـلطان الـتركي مـن جبايـة ضريبة الميري، وبقوة

109

السلاح[2]. وفي شمال البلاد تمكنت قبائل التركمان وبني صقر من إحلال الرعب بين الناس، وقام التركمان بأعمال النهب والسلب في المنطقة الواقعة بين أم الفحم والطنطورة على ساحل البحر، وذلك في أواخر 1853 [3]. وقد تحدث مسافر باسم ميلارد (Millard) إثر مروره في منطقة الجليل عن محاولة البدو سرقته وزملائه. و لم يمنعهم من ذلك سوى السلاح الذي كان بيده، ومع ذلك فإنه أشار إلى قتل اثنين من اليهود في الجليل الشرقي [4].

وتحدث أولين(Olin) (1844) عن لقائه بقبيلة بدوية تسللت من شرقي الأردن لتستفيد من المراعي الخصبة الممتدة في سهول الجليل الأسفل وجباله، مشيرا إلى أن هؤلاء البدو، لم يكتفوا بالرعي في أراض ليست لهم، بل قاموا بنهب كل ما تصل إليه أيديهم، الأمر الذي كان سببا لرحيل السكان، وخلو المنطقة من سكانها [5].

وكتب لينتش (Lynch) عقب تجواله على طول نهر الأردن (1848)، مشيراً إلى أن العديد من القرى المحاذية لنهر الأردن، قد وطّن بها مصريون إبان الحكم المصري بهدف ردع البدو عنها، ولكن بعد انتهاء الحكم المصري، عاد البدو لينهبوا ويخربوا، مما اضطر السكان العزّل من السلاح إلى النزوح عن قراهم إلى مناطق أكثر أمناً[6].

وتحدث برون(Brown) (1851)عن أعمال مماثلة في منطقة الناصرة وطبريا ومن ضمنها أعمال قتل يومية ، نفذها البدو ضد الفلاحين [7].

وفي عام (1853) اندلعت الحرب العائلية بين اثنين من مشايخ قبائل العدوان التي استوطنت غور الأردن، حيث قام المتحاربان "نمر العدوان، وعبد العزيز العدوان" بتجنيد المساندين من منطقة جنوب القدس.

قبيلة التياها التي رغبت بالانضمام لهذا الصراع، عبرت بيت لحم، واختارت أن تسير في طرق متفرقة، لعلمهم بضعف السلطان العثماني، وفي مطلع أيلول(1853) عبر (300) شخص منهم بيت لحم، وتفرق البقية إلى البلاد المجاورة (70) في بيت جالة (70) في بيت ساحور، وآخرين عبر (أبو غوش)، وتوجهت فرقة أخرى إلى عرب التعامرة لتجنيدهم للحملة، وقد كان هؤلاء ينهبون ويفسدون كل شيء في طريقهم [8] ولم يكونوا يخشون أية ردة فعل لكونهم قبيلة كبيرة يبلغ عدد أفرادها (1900) شخصاً معظمهم مسلحون [9].

وفي فترة حرب القرم (1853-1856) حيث بقيت البلاد (فلسطين) دون أي نوع من الحماية العسكرية انتشرت حوادث السطو والنهب على الطرق... حيث قام التياها في النقب، وعرب الجهالين في المنطقة الواقعة بين الخليل والبحر الميت. بتكثيف حملات السطو والنهب حتى وصلت حملاتهم إلى بيسان لنهب المواشي من جمال وأغنام ولم يبقوا على بهيمة [10].

وفي هذه الحقبة بالذات، تجرأ البدو على الاقتراب من أسوار القدس، ونهب البهائم من أصحابها[11] هناك. وفي صيف (1853) زحف عرب التعامرة إلى "أرطاس" بحثا عن موارد المياه لقطعانهم، وتبعهم عدد كبير من قبائل البدو بسب جفاف منابع المياه في النقب ذلك العام.

وقع المرج تحت سيطرة البدو، ولم يخرجوا منها إلا بعد أن عقد ممثل بريطانيا (جون مشولم) اتفاقا معهم، وكان يسكن مع عائلته في المنطقة، وترك التعامرة المرج بعد أن تلقوا مبلغا من المال، وحرصوا بعدها على احترام الاتفاق، ولكن الضائقة التي حلت بهم ذكرتهم بوادي (أرطاس) فنزحوا إليه مع بهائمهم، عندها توجه جون إلى القنصلية لتضمن له حقوقه، فقام مدير الدائرة في القنصلية بالتوجه إلى الحاكم العثماني الذي قام بدوره بإرسال جنديين يلازمان (جون) ويحرسانه

وعائلته وغلامه، ولكن الحارسين فرّا من أمام البدو الغاضبين، ولجاءا إلى القدس مما حذا (بجون) بعد أن تأكد أن السلطات العثمانية لا تستطيع حمايته, بادر لترتيب لقاء يجمع بين زعماء القبائل وأعضاء القنصلية البريطانية، حضره أربعة من مشايخ البدو وتم الاتفاق خلاله على أن يبنى جدار بارتفاع قامة الرجل حول المرج، مع تعهد من رجال القنصلية بتحويل مياه الوادي ليمكن البدو من سقي أنعامهم ما داموا بحاجة إليها، مقابل تعهد البدو بعدم التعرض (لجون) بالأذى، ومنع بهائمهم من الدخول إلى مزارعه [12].

ولكن هذا الاتفاق لم يحترم إلا لفترة وجيزة، فقد أحس البدو بأن السلطات العثمانية لا تستطيع ردعهم أو عقابهم، فقاموا في أيلول 1853 بالهجوم على مزارع (أرطاس) ناهبين ثمارها، وأتت بهائمهم على كل أخضر فيها[13].

وبغياب السلطة العثمانية، قامت مجموعة من القبائل البدوية بالإضافة إلى التياها والتعامره ببسط سطوتها. وعمدت قبائل أخرى من شرق الأردن إلى التسلل إلى البلاد لتهاجم الفلاحين وتسطو على غلالهم[14]. وفي مقدمة هذه القبائل، بنو صخر، والعدوان، فقط تسلط بنو صخر على منطقة مرج ابن عامر، بينما تسلط العدوان على منطقة جبع شمال شرق القدس[15].

ولم تكن غزة بمعزل عن هذه الأحداث، فقد ورد في رسالة مؤرخة بتاريخ (كانون ثاني ـ 1853) حررت من القدس إلى (وامق) باشا والي صيدا: "إن قرى غزة قد ألحق بها الخراب الشامل بفعل أعمال النهب على أيدي البدو، الذين لا يتمكن أحد من منعهم، حتى أنه أدهم أفندي مأمور الجباية لدى حافظ باشا حاكم القدس قد أحسن استقبالهم. ولكنهم سرعان ما عادوا إلى سطوهم ونهبهم، وقد بلغت الأضرار التي ألحقت بغزة وجوارها حوالي عشرة آلاف كيس، أي ما يعادل 45000 دولارا أمريكيا" [16].

وفي (آب 1854) هاجم البدو مرج ابن عامر وجواره، ولم تمنع مقاومة أهل الناصرة ببنادقهم التي أطلقت عن بعد لشدة خوفهم من تمكن البدو من نهب القطعان من سكان الناصرة وفولة (العفولة) ودبورية وغيرها من بلدان المنطقة [17].

وكان من آثار خروج المصريين، تفشي حالة الفوضى العارمة في البلاد، نشوب الحرب المشهورة باسم (عودة وعامر) في النقب في الفترة ما بين (1842-1864)[18]. والتي بدأت كحرب أهلية بين أفراد من قبيلة التياها، ولكنها امتدت لتشمل كل قبائل النقب والمنطقة الجنوبية، وتهلك الحرث والنسل، هذه الحرب التي نشبت بداية بين الشيخ عودة التياها، وأخيه عامر. فقد انحازت عدة قبائل ممن عانوا ظلم عودة، وثقلت عليهم الضرائب التي فرضها عليهم لصف عامر، ومنهم الطرابين والعزازمة، وفلاحين من جبل الخليل، وبينما انضمت الجبارات والعلامات والشلالين إلى حلف عودة [19]، واستمر الاقتتال بينهم22 سنة، وعلى فترتين، الفترة الأولى (1842-1853) حيث انتهت بمصرع عامر على يد يونس الطحاوي ابن قبيلة الهنادي المصرية، والتي أجليت عن مصر بأمر الخديوي، وقام عودة باستضافتهم فانضموا إلى حلفه وجيوشه [20].

أما المرحلة الثانية (1853-1864) فشهدت مسالمة بين سليمان بن عامر الذي رأى أن يصالح عمه، وعارضه الطرابين الذين سعوا إلى إضعاف قوة عودة، فاندلعت الحرب من جديد وانحاز سليمان إلى صف عمه ضد (الطرابين)، واستمرت المعارك تسع سنوات حتى انتهت بمقتل سليمان، واستسلام عودة للطرابين[21].

وفي هذه الحقبة، وعقب خروج المصريين من البلاد وحتى سنوات الستين من القرن التاسع عشر، نشط في منطقة القدس والصحراء المحيطة بها، الشيخ البدوي صافي الزير من قبيلة التعامرة، وذلك على أثر هروبه من القبيلة مع مجموعة من اللصوص البدو، مستغلا ضعف السلطات العثمانية في البلاد، ليعيث فسادا في

المنطقة، فقام مع عصابة بالسطو على سكان بيت لحم، ونهب ممتلكاتهم لرفضهم دفع خراج الحماية(الجزية) له ولرجاله، إضافة على ما يدفعونه لقبيلة (التعامرة)[22].

قام الوالي العثماني بإرسال 12 رجل من رجال التعقب لإلقاء القبض عليه[23]. ولم يكتف صافي الزير وجماعته بتحدي السلطان، بل بدؤوا بالتهديد بالتعرض بالأذى للرعايا البريطانيين في (أرطاس)، وفي (أيار 1860) صرّح القنصل البريطاني في القدس بأن المتمرد صافي الزير وعصابته ما زالوا يتنقلون من قرية إلى أخرى، وينهبون رجالها وممتلكاتهم. وقد تمكن صافي الزير من دخول أرطاس، وبيت لحم على الرغم من وجود الحاميات العثمانية فيها، ولم يتمكن الجنود من إلقاء القبض عليه، واضطروا إلى تركه والتخلي عن ملاحقته[24]، فتمكن يوم (24 آب 1860) من نهب أرطاس مع رجاله ويوم 28 من نفس الشهر، قاموا بنهب إرسالية بريطانية في طريقها من بيت لحم إلى أرطاس، مما حدا بالقنصل البريطاني للطلب من الحاكم العثماني بوضع حد لمشاكل البدو عامة، ولصافي الزير خاصة، ووجه إليه رسالة جاء فيها: "لكي تردع البدو عليك أن تلحق بهم الخسائر، لأن البدو لا يرتدعون إلا إذا لحق بهم الضرر".

كما أشار القنصل على الحاكم العثماني بتوكيل رجل يدعى حسين آغا الطاطا بمهمة القبض على صافي الزير، وكذلك أشار عليه بتشجيع الفلاحين في منطقة القدس وبيت لحم على مساعدة السلطات لطرد البدو إلى المناطق الصحراوية[25]. ولكن الحاكم العثماني في القدس، والذي رأى أنه ليس بالإمكان قهر وردع صافي الزير عن أعماله بالقوة، قرر أن يستميله إليه، على أمل أن تردعه صداقته عن أعمال السطو والنهب، فحرر إليه رسالة في (8شباط 1863) تتضمن عهد الأمان[26].

114

وكان أن انتهت معركة القرم دون أن تحدث تغييرا يذكر في الوضع الأمني في البلاد، الأمر الذي استغله البدو ليصعّدوا من هجماتهم، وقد ذكر بيرنر(Berner) (1853) أن مستشاريه في حيفا أشاروا عليه الاستعانة بحرس خاص يرافقه، لأن البدو المتمركزين في المنطقة ما بين الناصرة إلى طبريا يشكلون خطرا كبيرا، وأن تحركه بدون مرافقين يشكل خطرا على حياته [27].

وفي مطلع (آب 1860)، صرح القنصل البريطاني في القدس، أن قوة مكونة من 14 فارسا بدويا ينتمون لقبائل العدوان قاموا بمهاجمة قافلة محملة بالبضائع العائدة لرعايا بريطانيين ونهبوها أثناء عبورها في الطريق من نابلس إلى أرطاس[28].

وبعد ذلك بسنة أي في (آب 1861) أعدت مجموعة من قبائل العدوان الكرّة لتسطو هذه المرة على قرية سلوان الواقعة تحت سلطة حاكم القدس، ولينهبوا عدد من الجمال، وتزامن ذلك مع سطو آخر على كل من أريحا والخليل على يد أفراد من القبائل المحيطة بها [29].

في (28 حزيران 1863) صرح القنصل البريطاني في القدس، بأن مجموعة من قبيلة التياها هاجمت سواحل بريطانيين مطلع (نيسان 1863) في منطقة وادي زويرة قرب غزة [30]، وفي (تموز 1863) عبرت مجموعات من (بني صخر) و(بني حسن) نهر الأردن إلى المناطق المأهولة حول طبريا، وبدؤوا بحملات السطو والنهب في قرى ومدن الجليل، في حين أتت قطعانهم على غلال الفلاحين، حتى تمكن عقيل آغا الحاسي الرجل القوي في الجليل آنذاك، وبمؤازرة والي عكا، من إرغامهم على الرحيل[31].

تريسترام (Tristram) الذي تجول في البلاد (1863-1864) ذكر في ملاحظاته أن مرج ابن عامر في هذه الفترة بدا خاويا على الرغم من خصوبة أرضه، ولم تحصد فيه الغلال خلال العام (1864) بسبب بطش البدو، وأشار إلى أن أفرادا من قبائل

بني صقر قد نزلوا إلى منطقة المركز قبل وصوله إليها بأسابيع قليلة، ونهبوا كل قطعان البقر التي وجدت هناك، وأدخلوا الفلاحين إلى حالة من الرعب المستمرة، مما يدل على قلة حيلة السلطات، وأضاف أن مناطق غور الأردن هي الأخرى كانت تحت سطوة البدو الذين احتقروا الفلاحين والفلاحة[32].

وقد توصل أعضاء القنصلية البريطانية إلى الاستنتاج بأن الوسيلة الوحيدة لمنع سطو البدو على رعاياهم، تكمن في إيجاد حليف يضمن لهم ذلك في المنطقة، وعليه فقد قام القنصل البريطاني بزيارة إلى الشيخ سليمان الهزيل شيخ التياها في (17 آب 1865) وأعلمه بوصول بعثة من السواح البريطانيين للتجول في منطقة بئر السبع وطلب إليه حمايتهم من سطو البدو[34].

فيري (Werry) ، القنصل البريطاني في دمشق ، صرّح في (حزيران 1866) بأن مجموعة من قبيلة الفضل قامت بمهاجمة مجدل شمس الدرزية. وإتلاف الغلال فيها[35].

وفي (تشرين الثاني 1869) أفاد القنصل في تقرير له حول الوضع في سوريا وفلسطين، بأن البدو ما زالوا يجبون ضريبة الحماية من الفلاحين، كما صرّح بأن هؤلاء مزودون بالسلاح للدفاع عن غلالهم وقت الحصاد[36].

كان الفلاحون ضحايا الهجمات البدوية على الدوام، وفي ذلك يقول فين(Finn): "إنهم ينتشرون فوق الأرض كالجراد، وجمالهم البطرة من كثرة الخضرة تعري الأشجار من أوراقها، وتدوس الغلال والمحاصيل تحت أخفا فهم لا يتركون سوى الخراب، إنهم لا يتركون حقلا ولا كرماً عامراً، وبالإضافة إلى ذلك.. ساق البدو كل القطعان، ولم يتركوا للفلاحين شيئا خف أو ثقل إلا حملوه معهم إلى الصحراء"[37].

لم يكتف البدو بذلك... بل قام شيوخ بعض القبائل بجباية ضرائب الحماية نقدا أو عشبا، في حين قامت قبائل أخرى بغزوهم ونهبهم دون أن تشفع لهم الضرائب التي يؤدونها، كما استمر البدو بغزو المدن كبيت لحم، أريحا وغزة، [38].

لقد أدت هجمات البدو على القرى إلى نزوح عدد من سكانها هربا من أذاهم في أواسط القرن التاسع عشر، كما أفاد (فين) بأنه قابل أثناء تجواله نساء (فلاحات) صارخات يحملن "بقج" المتاع الصغيرة على رؤوسهن، وقد أخبرنه بأنهن هاربات من هجمات البدو [39].

سيطر البدو على كل الطرق في البلاد، فلم يبق طريق آمن فيها، وقد استغلوا سيطرتهم هذه لتحقيق أهدافهم: "سرقة القوافل، جباية ضريبة الطريق، تحصيل الأجور كمرشدين ومرافقين على الطرق، تأجير الجمال للتجار، وتسير قوافل خاصة بهم" [40].

كان السواح يضطرون للعبور في مناطق البدو أثناء سفرهم باتجاه البحر الميت ونهر الأردن، وكانوا يضطرون إلى استئجار المرافقين من البدو لحراستهم، وعلى هذا كان البدوي يكتفي بأن يقدم له السائح هدية لا يتجاوز ثمنها ليرة إسترليني واحدة.

وبموجب تفويض من الحاكم العثماني في القدس، توصل القنصل البريطاني في القدس إلى اتفاق مع بدو المنطقة، ينص على تحديد المبلغ المفروض على السائح المتجول في منطقة وادي الأردن والبحر الميت، لقاء حمايته، وبموجب هذا الاتفاق أصبح البدو أوصياء على حياة السواح ومتاعبهم، وملزمون بحمايتهم. وهكذا أصبح بإمكان السّواح البريطانيين التجول بسلام على طول النهر والبحر الميت، في حين لم يجرؤ جندي أو مسؤول عثماني دخول هذه المنطقة [41].

في عام 1848 توجه (لينتش) رئيس البعثة العلمية الأمريكية لإجراء البحوث في منطقة الأردن والبحـر الميت، طالباً من عقيل آغا الحاسي، شيخ الهنادي في شمال البلاد حمايته من سطوة البدو [42]. وكذلك فعل (تريستـرام) أثناء زيارته للبلاد(1863) مستعينا بخدمات المشايخ: "محمود شيخ الغوارنة وأبـو دهوك شيخ الجهالين، وعقيل آغا الحاسي شيخ الهنادي، والرجل الأقـوى في شمال فلسـطين، وقـد دفع مقابل ذلك ضريبة الحماية للقبائل التي مر في منطقة حماها، وكتب بعد ذلك . بأن الضريبة لم تكن باهظة، وأنه نال الحماية اللازمة واللائقة مقابل ذلك. ولم يتعرض للنهـب، وأن الحماية كانت مناسبة وضرورية، وأشار بأنه قد دفع الضريبة للصوص أنفسهم، وأنه ليس للسواح أي سبب للتـذمر مـن دفع الضريبة، وأن دفع الضريبة مقابل الحماية تنظيم مريح، يحصل السائح من خلاله على الحماية والإرشاد معا [43].

وفي حالات دفع السائح (البقشيش) إضافة على المبلغ الأصلي زيادة في الثقة (وتريسترام) ذاته.. أفاد بأن (البقشيش) الذي دفعه في نهاية رحلته كان مهما جدا للبدوي، وأكثر مـن المبلغ المفروض أصلا، وأنه شعر بأن البقشيش ضروري لإتمـام الصـفقة وإن ذلك معنـاه أنـه كان راضياً مـن المرافقـة والحمايـة البدوية [44].

2. البدو في حرب قيس ويمن

انقسم العرب في أرض فلسطين في مطلع القرن التاسع عشر إلى فريقين، قيس ويمن. هذا الانقسام الـذي يرجع بجذوره إلى منشأ العرب، قسم ينتمي إلى المنشأ اليمني، وقسم ينتمـي إلى المنشأ الحجازي المنتسب إلى قيس غيلان أحد أجداد العرب [45].

جاء هذا الخلاف في مصلحة العثمانيين، فاستغلوه أحسن استغلال. فكانوا يميلون تارة إلى حلف اليمن، وتارة إلى حلف قيس، وكلما أوشكت الحرب على نهايتها أشعلوها من جديد(46). وهكذا استمرت الحرب الأهلية الدموية من مطلع القرن التاسع عشر، وحتى أواسطه، لتشمل معظم أجزاء البلاد، وإن كان مركزها جبال نابلس والقدس والخليل. وقد استمرت الصراعات الدموية حتى عهد السلطان العثماني عبد العزيز(1861-1875) الذي ألغى رواتب ومكافئات الشيوخ، وعين بدلا عنهم موظفين عثمانيين ليقومون بمهمة إدارة الألوية، وجباية الضرائب. وهكذا تراجع مركز الشيوخ وسلطانهم، وضعفت مكانتهم وبذلك ضعف اهتمامهم بالسلطان والهيمنة، وكان ذلك سببا مباشرا في تخفيف حدة الحروب والصراعات(48).

كان للبدو دورهم في هذه الحرب، فهم جزء من هذا الشعب، وقد انحازت إلى الجانب الأقرب منها جغرافياً، وأحيانا انحازت القبيلة تباعا لشيخها إلى الجانب الذي يربط الشيخ به صداقات وعلاقات(49). فقد انحازت قبائل: الوحيدات، والجبارات (وهم قبائل محيط غزة)، ومعهم السواركة من منطقة رفح والعريش، والعويسات من منطقة أريحا، وهؤلاء انضموا إلى الشيخ (أبو غوش) في حربه ضد عائلة (السمحات) في منطقة بني الحارث الشمالية شمال القدس، عقب خروج المصريين من المنطقة(51). كما انضمت قبائل المساعيد من منطقة غور الفارعة (شرق وجنوب نابلس) إلى صف اليمينيين، وشاركوا ابو غوش(1846) في حربه على بني سرحان(52).

وانحازت قبائل:"التعامرة (من المنطقة بين القدس وبيت لحم) إلى حلف اليمن وتبعهم التياها (1853) إلى حلف (أبو غوش) في حربه ضد عثمان اللحام. حيث

شن (أبو غوش) معهم حربه على بيت جالا حيث تحصن اللحام. في حين كان حوالي ألف رجل من رجال (أبو غوش) يحتلون بيت لحم.

انضم إلى (أبو غوش) في حربه ضد اللحام (8000-12000) جندي بدوي. كما انحاز للّحام (6000-9000) جندي بدوي. وقد أتت هذه الحرب على (12000) كرمة عنب وحوالي (10000) شجرة زيتون، وألف شجرة من أنواع أخرى. كما أهلكت حوالي (3000) رأس من الماشية[54]. وعندما اشتد وطيس المعركة، استنجد (أبو غوش) بقبائل العدوان شرقي الأردن ليميل كفة الميزان إلى صالحه في حربه ضد اللحام وحلفائه (من بدو الجنوب) [55].

كانت منطقة نابلس مسرحاً لأعنف المواجهات في حرب (قيس ويمن) والتي شاركت فيها قبائل البدو في المنطقة، فقد انضمت قبائل (الصقر) إلى عائلة جرّار ضد عائلة عبد الهادي[56]. فالصداقة بين قبائل الصقر وآل جرّار قديمة وترجع إلى عام(1735) عندما تعاهد الزعيمان إبراهيم جرار، ورشيد الجبر شيخ الصقر على حرب ظاهر العمر الزيداني[57].

وكذلك انضمت قبائل (بني صخر) من شرق الأردن، وقبائل المساعيد من منطقة أريحا إلى جانب عائلات طوقان وجرار(من حلف اليمن) [58]. بينما انضمت قبائل العدوان، من شرق الأردن، (البلقاء). والغزاوية من بيسان، وعرب (المشلهب) من غور الأردن، إلى حلف القيسيين.

كانت البداية عام (1854) عندما اندلعت الحرب بين عائلة عبد الهادي وعائلة طوقان. وتركزت في قرية عرابة قرب نابلس، حيث سارع آل عبد الهادي للاستعانة بحلفائهم البدو من (بني صخر) كما سارع آل طوقان للاستعانة بحلفائهم البدو من العدوان والصقر، والذين كانوا على استعداد لتدمير كل ما يأتي بوجههم من ممتلكات العدو.

مالت الكفة بدايةً لمصلحة آل طوقان، ولكن آل عبد الهادي لم يستسلموا وأعادوا تنظيم صفوفهم، وعاودوا الكرّة في نهاية(1854) [61].

كما تجددت (في نيسان 1857) الحرب بين الحلفين. وكان للبدو دورا هاما بها. فالبدو دائما على استعداد للحرب، والنهب بعد نهايتها. وفي هذه المعركة كان النصر حليف بيت عبد الهادي، وأضطر حلف الطوقان للتحصن في (سانور) وطلب العون من عقيل آغا الحاسي. الزعيم البدوي في الشمال، فأرسل عقيل قوة لمساندتهم تدحر عبد الهادي [62].

كتب الرحالة تومسون (Thomson)، ملاحظاته حول معركة كان حاضرا فيها. في (نيسان 1858) ذكر فيها أن بدوا من غور الأردن، ومن جبال عجلون قد لبوا نداء آل جرار وآل طوقان لهم في حربهم ضد آل عبد الهادي، ووصف شلال الدم في المعارك، وطوابير الأهالي النازحين من بيوتهم صوب الجبال هربا من الحرب والموت [63].

أعاد آل عبد الهادي الكرة عام (1858) مع حلفائهم من العدوان بحرب آل جرار وحلفائهم من (بني صقر) في معركة قرب جنين قتل فيها رباح السعيد شيخ (بني صقر) [64].

استغلت قبائل البدو هذه المعارك لتحقيق أعمال النهب نهج حياتهن ومصدر رزقها حيث هيأت الحرب لهم الظروف للنهب بسهولة، فكانوا يتشاركون بالحرب لهذه الغاية كلما دعوا إليها. وأحيانا.. يبادرون للاشتراك فيها بدون دعوة، كما حدث في مشاركتهم الحرب بين (أبو غوش) (واللحام)، في بيت جالا [65].

كان لمشاركة البدو في هذه المعارك أثر سلبي على مصير البلاد، إذ كان الخراب والدمار رفيقهم حيثما حلوا، فلا يمكن لإنسان ما لم ير في عينه، أن يتصور مدى

الخراب الذي يمكن لمثل هؤلاء البدو أن يحدثوه، وخلال ساعات قليلة[66]، فعلى سبيل المثال: نجد (بنو صخر) وحلفائهم من بدو الأردن يستغلون الفرصة عام (1854)، وأثناء انشغال آل جرار وآل طوقان في حروبهم ضد آل عبد الهادي، لينزلوا إلى مرج ابن عامر، وهضاب نابلس ليعيثوا فيها فسادا ونهبا وليتركوها خرابا[67].

ودائما كان من الصعب التخلص من الحلفاء البدو، وحتى بعد انتهاء المعارك وغالبا، كان يتم التخلص من البدو بعد جهد جهيد، وبعد أن ينهبوا .. ويتركوا البلاد وراءهم خراباً[68].

وهكذا كان بعد انتهاء الحرب بين (أبو غوش) و(عثمان اللحام)(1854) فلم يتوجه البدو جنوبا إلى موطنهم في الخليل، بل على العكس، توجهوا نحو القدس، وكان هدفهم (قرية العنب) (عنبتا)التي تعتبر عاصمة (أبو غوش)حليفتهم[69].

3. العلاقة مع السلطات (1840-1875)

إن من أهم المؤشرات على ضعف الحكم العثماني في القرن التاسع عشر احتلال محمد علي باشا لسوريا وفلسطين عام (1831)، الأمر الذي نبه العثمانيين إلى أهمية المنطقة (الأمر الذي كانوا في غفلة عنه) وخاصة أرض فلسطين، كما تنبهوا إلى ضرورة استعادة سلطانهم عليها، وتشديد قبضتهم فيها كمنطقة إستراتيجية لمنع هجمات المصريين على سوريا. فبدأوا يفكرون بإجراء الإصلاحات(1839) وبدؤوا بتقسيم البلاد إلى ألوية، وتنصيب إدارات لوائية، بهدف الحصول على نظام مركزي، يرتبط مباشرة مع الإدارة المركزية العليا، ما هدفت هذه الإصلاحات إلى كسر شوكة القيادات المحلية والعائلية، ومراكز القوى.

ضمن هذه الحملة حاول العثمانيون كسر شوكة البدو والحد من نشاطاتهم. ولكنهم فشلوا، ويعزو المؤرخون فشلهم في هذا إلى تذبذبهم وعدم التزامهم نهجا واحدا، فهم من ناحية حاولوا قمعهم عسكريا. ومن ناحية أخرى كانوا يلوحون لهم بالصلح والمحاباة، وبين هذا وذاك، كانوا يستغلون الفرص لتحريض كل قبيلة على الأخرى.

وهكذا استخدم العثمانيون مع البدو أربعة توجهات، وبدرجات متفاوتة [70]:

1. استخدام القوة بهدف التأديب والردع.

2. إقامة الحواجز ونقاط التفتيش على الطرق الصحراوية للحد من تحركات البدو.

3. محاولة تجميع البدو في مناطق محددة وبشكل ثابت(منع تجوالهم الحر)

4. الإيقاع بين القبائل (ضرب البدو بعضهم ببعض).

وفي سنوات الأربعينيات من القرن التاسع عشر مال العثمانيون لاستخدام الليونة مع البدو واستمالتهم للمساعدة على طرد المصريين. إذ أن القوة العثمانية المرابطة في فلسطين كانت ضعيفة، وبحاجة إلى مساعدة البدو لذا ، بادر العثمانيون (1840) بوعد البدو بالإعفاء من الضرائب، وكذلك في المرحلة المباشرة بعد خروج المصريين من البلاد، فضل العثمانيون الإبقاء على علاقة السلام والتودد مع البدو، لكن هذه السياسة لم تفلح في ردع البدو وحملهم على السلم، بل زاد البدو من بسط نفوذهم على مناطق كبيرة من البلاد خلال السنوات الأربع الأولى التي أعقبت خروج المصريين منها، ومع ذلك آثر العثمانيون الإبقاء على علاقات التودد للبدو وعدم المواجهة معهم [71]. وفقط في نهاية العام (1844) وبعد تمكن الجيش العثماني من تعزيز قوته بدأ بخطوات تأديبية ضد البدو، ولكنها كانت فاشلة في مجملها

123

بسبب عدم تركز البدو في مكان محدد. واتخاذهم (البدو) أسلوب (اضرب واهرب) في المواجهات، واستمر البدو في نهج السطو والنهب تارة على قرى ومزارع الفلاحين. وتارة على قوافل المسافرين، وخاصة في منطقة النقب ومنطقة الجليل الأسفل الشرقي(الناصرة ـ طبريا) حيث تمركز بدو بنو صخر [72].

وقد ارتبطت تحركات البدو بعاملين أساسيين:

1. شخصية الحاكم المحلي من ناحية

2. قوة السلطة المركزية من ناحية أخرى

وقد اعتاد البدو على سياسة المتابعة وجس النبض للمواقف والظروف المتغيرة للسلطة (وفي الإمبراطورية) ، وعرفوا كيف يستغلونها لصالحهم، وهكذا لم يكن من قبيل الصدفة، أن تندلع حرب (عودة وعامر) في النقب عام (1842) وعندما كانت تمر البلاد بحالة تميزت الفوضى وعدم الانضباط الإداري [73].

وكذلك عام 1853 عندما توجه عرب التياها نحو غور الأردن للمشاركة في حرب (العدوان) الداخلية، كانوا على علم بأن القوات العثمانية مشغولة في حرب القرم، فكانوا يتصرفون بحرية مطلقة، وقد تعمدوا العبور بجانب أسوار القدس، ومهاجمة القرى المحيطة بها لنهب ما يحتاجونه في سفرهم [74].

وفي فترة حرب القرم (1853-1856)، حيث تدهور حكم العثمانيين في البلاد إلى أضعف مراحله، وباتت القوات العثمانية المرابطة في البلاد تخضع للأوامر القديمة من قيادة سوريا البعيدة والضعيفة، ولم يكن بيد الحكم العثماني سوى الانشغال بتشجيع الخلافات القبلية الداخلية [75]، وأحس البدو بانعدام القوة الرادعة في البلاد، فاستغلوا ذلك أفضل استغلال، فبدأت قبائل (بنو صخر) بهجومها عبر الأردن على قرى منطقة نابلس في حزيران(1854) ونهبوا القطعان والغلال، وكذلك تسلط أكثر

من 800 بدوي في منطقة المرج على القرى المجاورة، واضطر الكثيرون من السكان إلى ترك قراهم واللجوء إلى الجبال.

كان البدو على درجة من الذكاء، فلم يهاجموا الناصرة نفسها، ولكنهم اكتفوا بنهب مزارع وقطعان مواطنيها في أرض المرج، حيث قدرت الخسائر بحوالي 200000 فياستا [76].

استمر الوضع كذلك حتى انتهاء حرب القرم، حيث أصبح بإمكان العثمانيين تعزيز قوتهم في البلاد لمواجهة البدو، وتعزيز الحكم المحلي في فلسطين لتصبح حكما مباشراً، وغير تابع لسوريا [77].

وفي العام 1851 منح متصرف لواء القدس صلاحيات والٍ مباشرة لسلطات اسطنبول، ومنح صلاحيات عسكرية تخوله التحرك لضرب مشايخ بدو منطقة القدس والخليل، كما نُصِّبَ متصرف جديد للواء نابلس عام (1858) بهدف تعزيز الحكم المحلي وتأديب البدو الذين عرفوا بشغبهم وتمردهم إبان حرب القرم [78]، وكانت هذه الفترة مميزة عن سابقتها بتفرغ العثمانيين لمحاولة ردع البدو، الأمر الذي لم يوقف به العثمانيون بتاتا، لأن البدو كانوا يعرفون البلاد ويعرفون كيف يتنقلون وكيف يحاربون فيها أكثر من العثمانيين، حتى أنهم عرفوا كيف يهزمون جيوش الإمبراطورية النظاميين، فمثلاً: في عام (1869) أعلنت السلطات العثمانية عن نيتها توطين البدو في تجمعات سكنية بدلا من الخيام المتنقلة، وأصدرت أوامرها لبدو منطقة غزة للبدء في ذلك، وأرسلت قوة لمتابعة الأمر، يتقدمها 15 جنديا كطلائعيّين.. قتلوا جميعهم حال نزولهم في منطقة التياها [79]. لذا عاد العثمانيون لإتباع سياسة (فرّق تسد) وضرب القبائل ببعضها البعض، هادفين من وراء تلك السياسة إلى تحقيق ما يلي:

1. حمل القبائل الضعيفة على الالتجاء إلى السلطة والامتثال للقانون.

2. وقف الهجمات من الصحراء، بانشغال البدو بحرب بعضهم.

3. إضعاف القبائل الكبيرة استنزاف قواها في حرب بعضها البعض.

ولكن هذه الخطة لم تأت ثمارها فعليا.. لأن القبائل التي كانت تنحاز إلى صف الحكومة وتتعاون معها، كانت تسكن في مناطق آمنة غالباً[80]. كما أن القبائل التي كانت تعمل لمصلحة الحكومة فشلت في حروبها على الأغلب ضد القبائل القوية وعلى الرغم من كل المساعدات التي تلقتها من الحكومة[81]. وعندما تميل الحكومة لاستخدام قبيلة مكان أخرى تقوم القبيلة الخاسرة (المعزولة) بمهاجمة القبيلة البديلة انتقاما لمكانتها، في محاولة لاستعادة مركزها[82].

وهكذا.. فإن استخدام قبائل بدوية لمنع هجمات قبائل أخرى على مزارع الفلاحين لم يحظ بالنجاح دائما. بل انقلب الأمر على الحكومة ذاتها أحيانا، كما حدث عندما عمدت الحكومة للاستعانة بعقيل الحاسي في شمال فلسطين في مطلع العام 1840 بهدف ردع هجمات البدو الأردنيين على شمال البلاد(منطقة طبريا)، نجح عقيل في مهمته إلى أن أحس بقوته وحساسية مركزه، فبدأ بتمرده على السلطات، وبنى له كيانا مستقلا في الشمال، وعندما أحس العثمانيون بخطره وفكروا بالاستغناء عنه، تمكن بسرعة من استمالة قبائل (بنو صخر) إلى جانبه، وأطلق أيديهم للسطو على شمال البلاد، فاضطر العثمانيون إلى العودة للاستعانة به، وهكذا استمر تعاون العثمانيين مع عقيل لثلاثين سنة متواصلة.(1840- 1870)[83].

كما جرّت هذه الطريقة ويلات اقتصادية على البلاد إذ أتت حروب البدو فيما بينهم على مزارع الفلاحين وأفسدتها، وأصبح المزارع يفضل الاكتفاء بزرع ما يضمن حاجته الذاتية فقط[84] ورويدا رويدا ... تخلص العثمانيون من هذه الوسائل التقليدية، وبدأ بممارسة سياسة طويلة الأمد للحيلولة دون هجمات البدو على مزارع الفلاحين، وقام القبرصلي باشا حاكم القدس بإعداد خطة تقضي بإقامة مراكز

حراسة في كل من أريحا وجبل موسى والبتراء[85] وكذلك بتعيين حكام ومراكز للقوات العثمانيـة في كـل من إربد والكرك في الأردن بهدف منع تسرب البدو من شرقي الأردن إلى البلاد[86].

كانت خطة توطين البدو على أرض ثابتة أحدى الوسائل لضبط تحركهم، والتغلب عـلى مشـاكلهم، وقـد نجح العثمانيون بهذه الخطة في سوريا أكثر منها في فلسطين وخاصة في منطقـة حلـب[87]. أمـا في سـائر الولايات، وخاصة في فلسطين فقد فشلت هذه الخطة وكان أهم أسـباب فشـلها، عـدم دعـم السـلطان للقبائل البدوية بعد توطينها ومساندتها ضد هجمات البدو المتمردين من القبائل الكبيرة القادمـة مـن الصحراء[88]. هذا بالإضافة إلى رفض البدو لفكرة الاستقرار في مكان ثابـت أصـلا كـما حـدث عـام 1869 عندما حاولت السلطات توطين البدو في محيط غزة، قوبلت المحاولـة بالرفض والمواجهة، وقـام البـدو بقتل الجند العثمانيين الذين جاءوا للإشراف على الأمر[89].

ومن الوسائل التي استخدمها العثمانيون لترصين البدو، محاولـة دمجهـم في المجتمـع المـدني (العـام)، محاولة تجنيدهم وفرض البزة عليهم (اللباس الرسمي العسكري)، وتكليفهم بمهمات رسمية في محاولـة العثمانيون أن من شأنها أن تبعد البدو عن نمط حياتهم التقليدي والمألوف، ومن الارتباط القبلي، وهذا تحديدا ما جعل البدو يرفضون الامر، كما حدث مع قبولي باشا والي بيروت عندما حاول في سـنة 1863 فرض التجنيد الإجباري على البدو فكان ردهم : "إنما يصعب علينا تنفيذ الأمر كوننا بدو"[90].

وهكذا استمر البدو على رفضهم لأي محاولة لتأطيرهم أو دمجهـم في المجتمعـات المدنيـة الأخـرى، أو تجنيدهم في أية مؤسسة، لأن الحرية والتحرك الحر.. وعشق الحرية وحيـاة التجـوال، ورفض الانصـياع لقرارات وأنظمة وقوانين السلطة

والانضواء تحتها تبقى المحك الأساسي لسلوكيات البدوي، كما وتمثل اللُّبنَة الأساسية لفكره وقيمه.

كذلك كان رفضهم للتجنيد والتأطير سلبيا دائما، وإن وجد بعد الأفراد الذين قبلوا بالانضمام إلى الجيش العثماني وخاصة في سوريا، وبعد حملة إقناع واسعة ومكثفة من ممثلي السلطة إلى شيوخ العشائر[91]. وعلى الرغم من فشل العثمانيين من ردع البدو وتوطينهم في تلك الحقبة، كانت هنالك حالات نجحوا فيها في صد البدو، كما حدث عام 1840 عندما هاجم بدو السعيدين من وادي العربة قرية وسيط قرب عجلون ونهبوا أغلالهم فاستغاث أهل وسيط بوالي دمشق الذي أرسل قوة نجحت بصدهم بل وأعملت الذبح بهم، وعلى أثر ذلك قام العثمانيون بإنشاء مركز إدارة في عجلون بهدف متابعة تحركات البدو ، ان سنجق عجلون كان تابعا لمتصرفيه لواء نابلس، وعين عليه قائمقام عام 1851[92].

وكذلك نجح والي صيدا في وضع حد لحرب (عودة وعامر) (1853) في مرحلتها الأولى عندما تدخل بجنده، وأسر سليمان الهزيل مشعل فتيل الحرب، وأعدمه في مكان مجهول قرب صيدا[93]، كما نجح والي عكا بطرد البدو من قبائل الصقر، بنو حسن والسردية من الجليل صوب الأردن شرقا، هؤلاء البدو الذين زحفوا نحو الجليل من الأردن بعد نكبتهم على يد علي باشا والي دمشق، ووصلوا بزحفهم إلى كفركنا قرب الناصرة، الأمر الذي شكل إشارة سلبية للسلطات، فتوغل البدو بهذا الشكل يشير ولا شك إلى ضعف السلطة، وعدم تمكنها من وقف زحف البدو، الأمر الذي تنبه له عقيل باشا، قائد القوات غير النظامية في شمال فلسطين الموالية للعثمانيين، وفي سابقة فريدة من نوعها، توجه عقيل آغا إلي حسن تحسين والي عكا طالبا المدد لمواجهة البدو ليجد منه تحمسا للأمر، خرج حسن تحسين الوالي بنفسه

على رأس قوة من 300 مقاتل، مما دفع بالبدو للانسحاب ودون مواجهة صوب الأردن[94].

وهكذا.. نجد أن النصف الثاني من القرن التاسع عشر قد شهد تحسنا ملحوظاً على صعيد الأمن الداخلي كنتيجة للإصلاحات التي أدت إلى كبح جماح البدو وترصنيهم[95].

هذا التحسن.. الذي بدأ يلقي بظلاله ابتداءً من منتصف سنوات الستين من القرن التاسع عشر، وتحديداً، عقب القضاء على المتمرد صافي الزير ورجاله وإلقاء القبض على صافي الزير نفسه عقب معركة قادها حاكم القدس ضده بالقرب من بيت لحم[97].

مصادر الفصل السابع

1. خطط الشام ، ج3 ، ص 69 .

2. عبد العزيز، محمد عوض. <u>مقدمة في تاريخ فلسطين 1830-1914</u>، (بيروت 1983)، ص19 (فيما بعد: عبد العزيز، <u>تاريخ فلسطين</u>). الميري: هي أرض تعطى من قبل الدولة للزراعة مقابل ضريبة معينة . انظر : جرنوفسكي، أبراهم، <u>نظام الأراضي في ارض إسرائيل</u>،(تل-أبيب، 1949)، ص ص: 81- 84-85. (فيما بعد جرنوفسكي).

3. فين، جيمس. <u>أوقات عاصفة: أوراق دفاتر القنصلية البريطانية في القدس منذ عام 1853-1856</u>، (القدس، 1980) ص 247 (فيما بعد: فين) ؛ شارون، البدو ص ص: 67-68 .

4. Millard, D., <u>A Journal of Travels in Egypt, Arabia Petraea and the Holy land</u>, (New-York, 1953), p. 328.

5. Oline, S., <u>Travels in Egypt , Arabia Petraea and the Holy Land</u> , (New-York, 1844), p. 383

6. لينتش، ص 182.

7. Brown, J.R., <u>Yusef or the Journey of the Frangi Harper and Brothers</u>, (New-York, 1858), p. 328.

8. فين ، ص 197 .

9. نفس المصدر .

10. نفس المصدر، ص ص: 214-215 .

11. نفس المصدر .

12. نفس المصدر، ص ص: 198-199 .

13. أرشيف دولة إسرائيل، مراسلات القنصلية البريطانية، ملف رقم 22/20 ג/793/פ رسالة القنصل البريطاني للوالي العثماني حافظ باشا 19 أيلول (سبتمبر) 1853؛ فين ، ص 199.

14. عبد العزيز، تاريخ فلسطين، ص 19.

15. فين، ص: 247، 296-299؛ شارون البدو، ص 70 .

16. الرسالة، لوامق باشا، بداخل فين، ص ص: 238-239.

17. فين، ص 307 .

18. بيلي , النقب ص ص 60-67 .

19. تاريخ بئر السبع وقبائلها، ص ص: 176-.178

20. نفس المصدر، ص .179

21. نفس المصدر، ص ص: 179-181؛ بيلي، النقب، ص 61-67 .

22. فين، ص ص: 215-219 ، 316 .

23. نفس المصدر، ص ص 477-478 .

24. أرشيف دولة إسرائيل، مراسلات القنصلية البريطانية، ملف رقم 22/20/ג/793/ פ رسالة القنصل البريطاني في القدس للوالي العثماني في القدس مؤرخه بـ: 4 أيار (مايو) 1860، إن ترك الثائر وعدم ملاحقته تشير إلى ضعف الحكم العثماني في هذه البلاد .

25. نفس المصدر، ثلاثة رسائل من القنصل البريطاني في القدس للوالي العثماني في القدس .الرسالة الأولى مؤرخة في 2 تموز (يوليو) 1860 وباقي الرسالتين 28 (يوليو) 1860.

26. نفس المصدر، كتاب الأمان لصافي الزير ورجاله بتاريخ 8 شباط (فبراير) 1860. القبض على صافي الزير انظر موضوع: البدو والسلطات العثمانية 1840-1875 .

27. Bremer, F., <u>Travels in the holy land</u>, (London, 1864), p. 145.

28. أرشيف دولة إسرائيل، نفس ملف السابق، رسالة القنصل البريطاني للوالي العثماني 4 آب (أغسطس) 1860 .

29. نفس المصدر، رسالة القنصل البريطاني للوالي العثماني في القدس 13 آب (أغسطس) 1860 .

30. نفس المصدر، رسالة القنصل البريطاني في القدس للوالي العثماني 27 أيار (مايو) 1863.

31. تقرير القنصل البريطاني في القدس منذ تموز (يوليو) 1860، بداخل جبور، جبرائيل. <u>البدو والبادية، صور من حياة البدو في بادية الشام</u>، (بيروت، 1988)، ص، 481 (فيما بعد: البدو والبادية).

32. تريسترام، هـ. ب.، <u>رحلة في أرض إسرائيل</u>، (موساد بيالك، 1975)، ص ص: 95-96 (فيما بعد: تريسترام) .

33. أرشيف دولة إسرائيل، نفس الملف السابق، تقرير القنصل البريطاني بتاريخ 27 تشرين أول (أكتوبر) 1864 .

34. نفس المصدر، رسالة القنصل البريطاني لسليمان الهزيل، بتاريخ 17 آذار (مارس) 1865.

35. تقرير فيري، القنصل البريطاني في دمشق منذ حزيران (مايو) بداخل البدو والبادية، ص، 497.

36. تقرير تشارلز، القنصل البريطاني في دمشق منذ تشرين أول (أكتوبر) 1869، بداخل نفس المصدر، ص 500.

37. فين، ص، 191 ؛ معوز، التنظيمات، ص 132 .

38. معوز، التنظيمات، ص 132 .

39. فين، ص 298 ؛ شارون، البدو، ص، 7 .

40. معـوز، التنظيمات، ص ص: 129 - 133، 145-146 ؛ شـموئيلي، أفشـلوم. <u>استيطان البـدو في منطقة القدس في القرن العشرين</u>، رسالة دكتوراة، الجامعة العبرية، (القدس، 1973)، ص 12.

41. Conder, c.r., <u>Tent work in Palestine</u>, 2 Vols. (London, 1879), vol. I, pp: 218-219 (فيما بعد: كوندر).

41. فين، ص ص: 191-192.

42. عن هذا الموضوع، أنظر الفصل القادم :عقيل اغا الحاسي.

43. تريسترام، ص ص: 145-147، 200، 303-304 .

44. نفس المصدر، ص ص: 190-200 .

45. فيلنئي 2، ص ص: 257-258؛ معمر، ص 38؛ البرغـوثي، عمـر صـالح وخليـل طـوطح. <u>تاريخ فلسطين</u>، (القدس، 1923) ص 263 .

46. Palestine Exploration Fund (P. E. F.), 1906, p. 36.

47. شولش، <u>تحولات</u>، ص 227 ؛ أساف، <u>العرب تحت حكم الصليبيين</u>، المماليك والاتـراك ص 278 ؛ فين، ص 138؛ فيلنئي 2، ص 259 .

48. فين، ص 139 ؛ شارون، البدو، ص 76؛ أساف المصدر السابق، ص 311 .

49. Oppenheim, M. F., Die Bebuinen, Vol. 2, (Leipzig, 1943) 50. P. E. F., 1906, pp. 33, 47, 49 (فيما بعد: اوبنهايم).

51. نفس المصدر، ص ص:41- 43 .

52. نفس المصدر، 43 .

53. فين ص 228 .

54. Pierotti, E., <u>Customs and Traditions of Palestine</u>, (Cambridge, 1864), p. 273.

55. فين، ص 189 .

56 . الراميني، أكرم: <u>نابلس في القرن التاسع عشر</u>، (عمان 1979)، ص 170 (فيما بعد: الراميني).

57. نفس المصدر؛ معمر، ص ص: 63-66 .

58. P.E. F, 1906, p. 45

59. الراميني، ص 171 .

60. P.E. F, 1906, p. 45

61. شولش، <u>تحولات</u>، ص ص: 254-255 ؛ فين، ص 147 .

62. شولش، تحولات، ص ص: 258-259 .

63. Thomson , William , <u>The land and the Book</u> , (London , 1894), p. 494.

64. الراميني، ص 172 ؛ شولش، تحولات، ص 263 .

65. فين، ص ص: 190-191 .

66 . نفس المصدر، ص 191 .

67. نفس المصدر، ص ص: 296-297، 307؛ شارون، البدو، ص 78 .

68. فين، ص. 191 .

69. نفس المصدر، ص 228 .

70. معوز، التنظيمات، ص ص: 131.-148.

71. F. O 78/447 , Worry to Palmerstone , no 9 , Damascus , 20 May 1841 , F. O

195/266, Wood to canning , no 15, Damascus , 26 June 1844.

72. معوز، موشيه: (محرر). أرض إسرائيل إبان الحكم العثماني - محاضرات اوريل هيد، (القدس، 1976)، ص 55 (فيما بعد هيد)؛ عبد العزيز، تاريخ فلسطين، ص111؛ معوز، التنظيمات، ص،146؛

F.O. 78/760, Rose to Canning, no 18, encl. in Rose to Palmerstone, No. 39, Beirut, 28, Aug. 1848

73. بيلي، النقب، ص ص: 39-47 .

74. فين ، ص 197 .

75. أساف، العرب إبان حكم الصليبيين المماليك والأتراك، ص 137.

76 . فين، ص 307 .

77. عبد العزيز، تاريخ فلسطين، ص ص: 110-111 .

78. هيد، ص ص: 54-55 .

79. Palmer, E.H., Desert of Exodus, (London, 1872), p. 242 (فيما بعد: بالمر)

80. F.O. 78/538, Wood to Aberdeen, No. 42, Damascus, 29, Nov. 1843; F.O. 78/960 Worry to Redcliff, No. 12, Aleppo, 23 Aug. 1853.

81. F.o.78/622, Wood to Aberdeen, No. 18, Damascus, 9 June 1845, F.O 78/111, Barker to Charendon, No 22, Aleppo, 9, Oct. 1855.

82. F.O. 195/226, Wood to canning, No. 15, Damascus, 26 June 1844, F.O 78/1388 , Brant to Malmesbury , No. 13, Damascus, 26 , oct . 1858;

فيك، فريدرك: <u>تاريخ شرقي الأردن وقبائلها</u>، (القدس ، 1935) ص 182 (فيما بعد: فيك) .

83. عن عقيل آغا، أنظر الفصل القادم .

84. عبد العزيز، تاريخ فلسطين ، ص 111؛ فيك ، ص 182 .

85. F.O. 78/705, Finn to palmerston , No . 13, Jerusalm , 13 Mar 1847 .

86. هيد، ص 55 .

87. F.O78/1452 Skene to Russell, No. 74, Aleppo, 29 Oct., 1859; F.O. 78/1538,

Skene to Bulwer, NO. 14. Aleppo, 5. Apr. 1860.

88. F.O.78/500, Moore to Aberdeen, No. 4, Aleppo, 27 Jan 1842; F.O. 78/760,

Rose to palmerston, No. 39, Beirut, 28 Aug. 1848;

عبد العزيز، محمد عوض. <u>الإدارة العثمانية في ولاية سوريا 1864 – 1914</u>، (مصر 1969) ص

300 (فيما بعد: عبد العزيز، الإدارة العثمانية).

89. بالمر، ص، 242 .

90. منصور، ص ص: 78 – 79.

91. عبد العزيز، <u>الإدارة العثمانية</u>، ص 147 .

92 . فيك، ص 181 .

93. بيلي، النقب، 63 .

94. منصور، ص ص: 78 -79، رسالة القنصل البريطاني في القدس المؤرخة بتاريخ 7 تموز (يوليو)

1863، بداخل: البدو والبادية، ص 481.

95. عن التنظيمات: أنظر الفصلين القادمين.

96. لقد ثار ضد السلطات العثمانية منذ خروج المصريين عام 1840، وحتى تم القبض عليـه عـام 1865.

97. شبا، ش. وران بن اموتس. (محرران). <u>أرض صهيون، أورشـليم</u> (القـدس، 1973)، ص ص: 34-35.

الفصل الثامن: عقيل آغا الحاسي

1. ظهور عقيل آغا الحاسي كشخصية مؤثرة في البلاد

عقيل آغا الحاسي من قبيلة الهنادي المصرية[1] . هاجر والده موسى الحاسي من منطقة الفيـوم المصرـية (1814) بسبب قتله لأحد أقاربه[2] . واستقر بداية في غزة، دخيلاً على الحاج محمد نجا مـن البراعصـة (إحدى بطون الهنادي) الذي كان قد هاجر قبلا من مصر إلى غزة، وأصبح أحد الأعيان فيها[3]، وسرعـان ما أصبح

138

موسى الحاسي قائدًا لوحدة الفرسان المرتزقة تحت إمرة والي صيدا سليمان باشا ووريثه عبد الله باشا لاحقا[4]، وظل تحت إمرته حتى قتل في موقعة سانور ضد آل جرار عام 1830)[5] . تاركا ثلاثة أولاد وزوجته التركامنية من عائلة (سقيرات) وهم علي عقيل وصالح[6].

ورث عقيل مكانة أبيه عند عبد الله باشا، ولكنه سرعان ما اختلف معه، واستغل الحصار على عكا لينتقل إلى صفوف المصريين مع قبيلته الهنادي احتجاجا على عدم صرف رواتبهم من قبل العثمانيين.

ثم تحول بعد ذلك مع أفراد من الهنادي ليساند تمرد الفلاحين ضد المصريين سنة 1834 مما دفع المصريين وبعد القضاء على التمرد إلى ترحيله مع رجاله البارزين إلى سوريا.

وهناك سرعان ما عاد لينضم للعثمانيين بعد أن عادوا إلى دفع الرواتب، وعاد إلى غزة، وبعد خروج المصريين، استدعى من غزة لنصرة العثمانيين في شمال فلسطين.

وهكذا أصبح عنصراً فعالاً ومؤثرا في الأحداث التي صنعت تاريخ المنطقة منذ خروج المصريين عام 1840 وحتى أواخر الستينيات من القرن التاسع عشر[7] .

2. أفعال عقيل الحاسي

كانت أفعال عقيل آغا الحاسي سببا مباشرا لسلسلة الإقالات والتعيينات المتعاقبة في حياته من قبل السلطات العثمانية، إذ تم تعيينه وإقالته عدة مرات متعاقبة، وكانت علاقته مع العثمانيين تدور في دائرة مفرغة، فقد كانت السلطات تعمد إلى تعيينه في منصب، وتخطط لإقالته في نفس الوقت، وكان عقيل ينجح في تعزيز موقفه كل مرة، ورغم كل شيء، وإقناع السلطات بإعادته إلى منصبه، فقد كان يعمد إلى

تقويض الأمن ونشر الفوضى ليرغم السلطات على الاستعانة به وإعادته إلى منصبه ومركزه، وكثيرا ما كان ينجح في ذلك، وتضطر السلطات إلى إعادته إلى سلطته ولكن لفترة وجيزة، فعقيل آغا ابن قبيلة الهنادي، وقائد القوة غير النظامية في الشمال والخاضعة لسلطة والي عكا، وله اليد الطولى بكل ما يدور في المنطقة، وهنا نجد إشارة إلى بعض منها، على سبيل المثال:

2. أ. الانشقاق داخل الطائفة اللاتينية في الناصرة

كانت بداية ظهور نجم عقيل آغا في شمال فلسطين عام 1845ـ وذلك على أثر الخلافات التي دارت بين رؤساء طائفة اللاتين في الناصرة على قيادة الطائفة، فقد انقسمت الطائفة إلى معسكرين، موقف جريس اليعقوب، ويوسف إلياس على رأس المعسكر الأول وبالمقابل وقف طنوس خليل على رأس المعسكر الثاني المعارض والذي نجح بحمل القبرصلي باشا حاكم عكا بإقالة يوسف إلياس وتنصيب طنوس خليل مكانه، فتوجه يوسف إلياس إلى عقيل آغا الذي عين قائدا للقوات غير النظامية حديثا من قبل والي عكا طالبا إليه أن يشفع له عند الوالي، حاول عقيل مساعدته، وتوجه بالطلب إلى حاكم الناصرة الذي لم يستجب لطلبه، فترك عقيل الناصرة غاضباً،[8] وبالمقابل، فقد أثار بتصرفه هذا غضب القبرصلي والي عكا، والذي اعتبر تدخل عقيل في الأمر تدخلا في شؤون إداريه وليس من صلاحياته[9]، كما بدأ يحذر من نفوذه المتزايد في المنطقة[10] أبدى والي عكا امتعاضه من تصرفات عقيل أمام محمد باشا سواري ، والي صيدا عند أول زيارة له لعكا والناصرة سنة 1845. وكانت النتيجة إقالة عقيل ورجاله، ما دفع عقيل إلى التوجه إلى شرقي الأردن ليستعين بقبيلة (بنو صخر)، وبدأوا معاً بالإغارة على مدن وقرى شمال البلاد،[11].

وتدريجيا بدأت الغارات المتتالية في غور الأردن (1847) تأخذ طابع التمرد.. وقد شاركت فيها قبائل الهنادي، بنو صخر، والصبيح والصقر [14] مما جعل السلطات العثمانية العاجزة عن ردع هذه الهجمات، تعيد حساباتها، ومن ثم تعيد عقيلا وأخيه إلى مركزه وسلطته، فقد استدعي عقيل لمقابلة محمد سواري باشا والي صيدا، الذي طلب إليه تفسيرا لما يدور في المنطقة، فكان جواب عقيل مفحما حين رد بقوله : " يعلم الباشا ان ليس لنا باب للرزق غير خدمة الدولة التي نحن عبيدها، فطردنا من هذه الخدمة، والعبد متى جاع يسرق فلم يكن عملنا إلا من قبيل استصراخ أولياء الأمور لينظروا في أمرنا [15].

عاد عقيل إلى منصبه قائدًا للقوات غير النظامية، وأصبح تحت إمرته 75 فارساً [16]. ولم تكن هذه إلا بداية صراع طويل بين عقيل والسلطات إذ رأت السلطات العثمانية بتدخل عقيل في شؤون طائفة اللاتين وبازدياد نفوذه في المنطقة خطراً لا يمكن السكوت عليه، فعمدوا إلى تحريض الوالي على إقالته ولكنهم لما أحسّوا بخطورة الموقف.. أعادوه إلى منصبه ليأمنوا شرّ هجمات البدو بقيادته حسبما ورد في تقارير فين ولينتش [17].

2.ب. عقيل يرافق بعثة لينتش 1848

في آذار 1840 تلقى رئيس البعثة العلمية الأمريكية (لينتش) مرسوما عثمانيا من الوزير الكبير مصطفى رشيد باشا في (اسطنبول) يخوله صلا حيات البحث والدراسة في منطقة نهر الأردن والبحر الميت، ويأمر الولاة في صيدا والقدس بمساعدته [18]. وبناءً عليه، توجه (لينتش) إلى والي عكا (سعيد بيه) ليزوده بالمرافقين، ولكن (سعيد بيه) أراد أن يدير الأمور لمصلحته، وكما أشار (فين) بقوله" لم يكن الحاكم متحمسا أو مهتما للاستجابة لطلب (لينتش) حتى يدفع مبلغا محترما (يذهب لجيبه الخاص). وبدأ يتحايل لرفع المبلغ الذي يجب على (لينتش)

141

دفعه لقاء حمايته[19] فبدأ يحدثه عن التوتر السائد بين قبائل الغور والحرب الدائرة بينهم، وأعمال السلب والنهب حيث يقوم البدو بنهب كل ما تصل إليه أيديهم، فلا يكفي أقل من مائة فارس لحماية البعثة، ومقابل 20 ألف فياستر أي ما يعادل 800 دولار، كي يتمكن من تأمين الحماية للبقية، وذكر على مسامع البقية أن مصدر هذه المعلومات عقيل آغا أحد المشايخ الكبار في المنطقة[20] ".

فهم (لينتش) أن الهدف من هذه الرواية إخافته من سطو عقيل آغا وعليه، فقد رفض شروط الوالي[21]. ثم بادر فورا للاتصال بعقيل، وتمكن من التوصل إلى اتفاق معه مطلع نيسان سنة 1848. يتعهد عقيل بموجبه بحماية البعثة[22]. ويطلب من عقيل البقاء على مهمته مع البعثة طالما احتاجت لذلك[23].

وعلى ما يبدو فقد كان عقيل على علم بمرسوم الوزير الأعلى الذي أحضره معه (لينتش)، وقد أحسن استغلال الموقف، فقفز مباشرة ليأخذ مكان الوالي (سعيد بيه) ويبادر لمفاوضة (لينتش) محافظا على منصبه كأجير لدى السلطان العثماني.[24].

نفذ عقيل المهمة بدقة وإخلاص، ورافق (لينتش) طوال عمله بالبحث، وقد ذكر (لينش) في عدة مناسبات ومواقف، وأثنى على شخصيته وقدراته الإدارية والجسمية والعقلية، فقال: "لقد كان المقاتل الجريء والمرافق الرائع، فقد كان بإمكانه أن يرى القوافل في حين لم يتمكن أحد غيره من رؤيتها، ولم نقنط أبداً من رفقة هذا الرجل الرائع، فهو من نوع الرجال المميزين من بين من عرفنا. فمن كان يتصور أن هذا الشخص بمحياه السموح الجميل، هو نفسه الذي كان قائدا لتمرد قاسي"[25].

تحركات عقيل هذه كانت بمثابة سيف ذي حدين فقد قوبلت مفاوضته مع (لينتش) وتسلمه مهمة حماية البعثة بالاستحسان والثناء من قبل والي صيدا. ولكنها وفي نفس الوقت، قد جرَّت عليه عداوة والي عكا، كما ويمكن التكهن أيضا بأن تجاوزات

عقيل وتحركاته الذكية قد أثارت حفيظة السلطات العليا ضده، لولا أن نجاحه في خدمة البعثة والسند إلى مرسوم رسمي والذي قوبل بمحاولة الاستغلال والابتزاز من قبل والي عكا، في حين نفذه عقيل بكل أمانة ودقة، قد عدل ميزان الأمور في مصلحته، وحال دون إقالته من قبل السلطات العليا.

وعلى صعيد آخر، فقد كان لنجاحه في حماية البعثة أصداء واسعة عززت مكانته وشهرته الشعبية والعالمية، فقد دأب (لينتش) على كتابة مذكراته عن عمل البعثة في صحف أوروبا، وكان اسم عقيل يتردد فيها بشكل إيجابي جعل له ذكرا طيباً[26] ترك أصداء إيجابية وسلبية في آن عند السلطات العثمانية العليا، فمثلاً: بات اسم عقيل في الغرب معروفاً بمفهوم الحماية، وترك انطباعاً في الغرب بأن بلاد العثمانيين لا تفتقر للأمن، وليس عرضة لحملات السطو والغوغائية من قبل البدو وأن فيها رجالاً يمكن الوثوق بهم كعقيل، وأن الحاج إلى الديار المقدسة يمكنه أن يكون أمينا على نفسه.. وهكذا تحول عقيل ليصبح محط أنظار الغربيين في طلب المساعدة والحماية والإرشاد أثناء تواجدهم في المنطقة، حتى بات من النادر إن يزور البلاد سائح غربي دون علم عقيل[27].

2. ج. ظواهر التمرد في الألوية السورية وإجلاء عقيل

شهدت أواخر الأربعينيات، وبداية الخمسينيات من القرن التاسع عشر ـ سياسة عثمانية جديدة في سوريا، تمثل بمحاولاتهم فرض سلطانهم المباشر على سوريا من خلال حملات التجنيد الإجباري، وفرض الضرائب والتشدد في جبايتها، وجعلت من (محمد القبرصلي) باشا ذراعها في ذلك، فقلدته منصب والي دمشق عام (1850) ومنصب القائد الأعلى للقوات العثمانية في سوريا عام (1851)، وأوكلت إليه مهمة تنفيذ الخطة العثمانية على كافة الألوية في سوريا بما في ذلك حوران وجبل الدروز، ولكن الدروز وبدو حوران رفضوا الخطة، وتوحدوا في تمردهم

عليها، وبذلك تحولوا إلى العقبة الأكبر والأصعب في وجه السياسة العثمانية، وقد عمد العثمانيون بداية إلى إتباع سياسة فرّق تسد، ومحاولة لضعضعة وحدة البدو والدروز، ولكن دون جدوى. فعادوا إلى الخيار العسكري، بتوجيه جيش يضم 8000 فارسا ووحدات من المشاة والمدفعية بالإضافة إلى 4000 جندي من القوات غير النظامية ضمت بين صفوفها عددا من المتاولة من جنوب لبنان، وبدو من الجليل بقيادة (قبرصلي) باشا وقد ساهمت سمعة (قبرصلي) باشا السيئة في تدعيم الوحدة بين الدروز والبدو وتعزيزها بمعاهدة دفاع مشتركة وقعت مع سكان منطقة عجلون، ساهمت في تمكين المتمردين من تكبيد القوات العثمانية خسائر فادحة بالأرواح والمعدات. وكسب الجولة الأولى، عاث البدو والدروز بعدها فسادا في المنطقة، وأعملوا النهب والسلب في مناطق جنوب لبنان وسوريا، وصولا إلى الجليل، مما حمل (قبرصلي) باشا على تجديد المعركة في تشرين الأول (1852)، والتي حسمت من جديد لصالح المتمردين واضطرت السلطات العثمانية على أثرها لمفاوضة المتمردين. أفاد المتمردون من المفاوضات فحصلوا على إعفاء من الخدمة العسكرية، مقابل الالتزام بتأدية الضرائب[28].

هذا.. وقد امتدت آثار هذا التمرد إلى مناطق أخرى في البلاد مما اضطر (القبرصلي) باشا إلى الاستعانة بعقيل آغا، فأوكل إليه مهمة حفظ الأمن في منطقة غور الأردن المواجهة لجبال عجلون شرقا.

استطاع عقيل أن يجند ألف فارس من حلفائه البدو، إضافة إلى الثلاثمائة فارس الثابتين تحت إمرته، وهاجم بهم قوات المتمردين في منطقة (العبيدية) بالقرب من (أم القناطر) جنوب الجولان ولاحقهم حتى قرية فيق جنوب غرب الجولان[29].

144

كانت المهمة الأساسية أمام عقيل الحفاظ على أمن مناطق شمال فلسطين وصد هجمات البدو من سوريا والأردن على المنطقة، ومنع البدو والمتمردين من الإخلال بأمن المنطقة.

أثارت نجاحات عقيل حسد أعدائه ونقمتهم، خصوصاً وأنها جاءت في الوقت الذي هزم فيه (القبرصلي) باشا بجنوده النظامية أمام المتمردين، فخرج رشيد باشا حاكم عكا بصحبة محمد باشا سواري، على رأس جيش ضخم وخيموا في الجانب الشرقي لبحيرة طبريا، وقاموا باستدعاء عقيل، متظاهرين بالفرح لانتصاراته ورفعوا درجته ليصبح قائدا على 400 فارس وبالمقابل.. طلبوا إليه أن يسرِّحَ حلفاءه البدو بحجة أنه لم تعد له حاجة بهم.

امتثل عقيل للطلب وتوجه للتحدث إلى حلفائه، وبعد ثلاث ساعات فقط استدعي ثانية للقاء حاكم عكا (مصطفى رشيد باشا)، حيث سارع حرسه لاعتقاله. واقتيد مكبلا مهانا إلى عكا، بتهمة أنه قاتل المتمردين في الظاهر ولكنه كان حليفهم في التمرد والشغب[30].

وهكذا تفرغ العثمانيون وممثليهم، وبعد التفاهم مع الدروز، لتصفية الحسابات مع عقيل، كخطوة مهمة في تحقيق الخطة الجديدة لإدارة المقاطعات السورية.

أرسل عقيل من عكا إلى (إسطنبول) ومنها إلى فيدن على نهر الدانوب عند الحدود الصربية[32]. وأثناء مكوثه في اسطنبول، التقى عقيل بطريرك اللاتين في القدس، فأقرضه مالاً.. وأصبح حلقة وصل بين عقيل وأقربائه وبين الأسقفية في (فيدن). ولم تمض سنة على اعتقاله، حتى تمكن عقيل من الهرب بمساعدة صديق ألباني يدعى (حسن آغا ألأرنئوطي). الذي اشترى لعقيل ملابس شريف مكي، وجوداً أصيلا ليتمكن من الهرب، ومما ساعده على الهرب أيضا أن حاكم فيدن لم يعط وزنا لعقيل حين رآه بلباس البدوي المهمل.

استغل عقيل كل هذه الظروف لينتهز الفرصة السانحة أثناء الاحتفال بعيد الفصح والسماح للمعتقلين بالخروج في جولة، وليهرب مع صديقه ألأرنئوطي براً إلى (سلونيكي) ومن هناك بحراً إلى آسيا الصغرى، ومنها تابع سيره إلى حلب حيث اختبأ عند (البطران) من (البراعصة) وهم بطن من الهنادي التي ينتمي إليها عقيل[33].

لم يمض وقت طويل حتى عاد عقيل إلى سلطانه كقائد للقوات غير النظامية في شمال البلاد، وبمبادرة من السلطات العثمانية نفسها، ويرجح ذلك إلى سببين:

1. تأثيرات حرب القرم على البلاد، وانشغال السلطات، وفقد الدولة لقدرتها على السيطرة على الأوضاع، وانقلاب البدو ليعيثوا فسادا دون رادع، وظهور بوادر غليان سكاني وتمرد شعبي في بعض المناطق.

2. الاستقبال المهيب الذي قوبل به عقيل من قبل قبائل (البطران) من الهنادي عند عودته من المنفى إلى حلب حيث وضعوا خمسين فارسا تحت إمرته (1854). وقدوم الشيخ (طيحاوي) زعيم الهنادي من مصر مع قوة لدعم مواقف عقيل، وبعد هروبهم من مصر، وكذلك هروب (صالح) شقيق عقيل مع (500) من جنوده أثناء توجهه للمشاركة في حرب القرم، والانضمام إلى أخيه عند سماعه لخبر وجوده في حلب[35]، فبادر عقيل إلى تجمع هذه القوات تحت إمرته لإحلال الشغب وإعمال النهب في المنطقة، والتعاون مع حلفائه من بدو المنطقة، مستغلاً حالة الفراغ التي تسود المنطقة، وتركزت أعمال النهب في قرى ومدن الشمال، من مرج ابن عامر وحتى صفد [36].

إن تجمع كل هذه القوى تحت إمرة عقيل، وأعمال السلب والنهب التي قام بها البدو جعل العثمانيين يقرون بأن عقيل آغا الحاسي رجل له وزنه في الجليل، ومن التعقل

إعادته إلى منصبه، ولم تمض أيام، حتى وصل المرسوم من اسطنبول، إلى وامق باشا والي صيدا(1848-1866) بإعادة عقيل إلى منصبه لخدمة الإمبراطورية[37].

وهكذا.. بدأت مكانة عقيل بالارتفاع وخاصة، بعد تلقيه دعما إضافيا من قبل أفراد قبائل الهنادي المهجرين من مصر (في موجة التهجير الثانية لأفراد القبيلة) ومن بطون البراعصة والحرايبة تحديداً، وبقيادة الشيخ (أبو كريم) الفار من وجه الخدوي المصري[38].

وحتى لا يجد نفسه في مواجهة مع السلطات، بقي بعيدا عن حدود عكا، وأوكل إلى عيسى آغا النجمي إدارة مصالحه فيها، وبقي مع أنصاره من الهنادي وغيرهم يقضون الشتاء في بيسان والصيف في جبال الناصرة.

2.د. عقيل والأكراد

كان الأكراد يشكلون تهديدا مباشراً لنفوذ عقيل فهم القوة المشابهة والموازية لقوته، فقد شكلوا بقواتهم حامية غير نظامية، تعمل لحساب السلطة، في جنوب سوريا، تماماً كما كان يفعل عقيل والهنادي[40]. بدأت ملامح التهديد تتضح أكثر فأكثر عندما بدأت هجرة الأكراد إلى داخل فلسطين، كان ذلك على موجتين: الأولى جاءت عام (1853) عندما كان عقيل في منفاه وجاءت قوة الأكراد لتحل محله وتأخذ دوره[41].

والثانية جاءت بمبادرة من السلطات عام (1856) عقب إعادة عقيل إلى منصبه[42]، والصحيح أن كلتا الموجتين من هجرة الأكراد إلى البلاد، كانت بمبادرة و مباركة السلطات بحيث جاءت الأولى بهدف ملء الفراغ الذي تركه عقيل بعد نفيه، وجاءت الثانية بهدف زرع الخلاف بين الأكراد وعقيل لإضعاف الطرفين، حيث أن الهدف الأكبر للعثمانيين، القضاء على هيبة عقيل، بل ووجوده، ولكن بصورة غير مباشرة، فكانت هذه فرصتهم السانحة، بإثارة العداوة بينه وبين الأكراد

كقوة موازية لقوته، هذا إضافة لوجود هدف أسمى، لطالما سعت السلطات العثمانية لتحقيقه، وهو القضاء على القوات غير النظامية [43]. كانت الفرصة مواتية بعد رجوع عقيل من منفاه، وقد أصبح أقوى وأخطر إذ بات يهدد السلطات بهجمات البدو، ويهدد البدو بانتقام السلطات[44].

مما جعل العثمانيين يتشوقون للقضاء عليه، ويسارعون لاستخدام الأكراد لهذه الغاية في هذه الأثناء، فهم محمد باشا والي بيروت ، اللعبة العثمانية، وسارع لينذر (محمد سعيد بن شندين) آغا قائد الأكراد من مكائد العثمانيين، وكبادرة حسن نية، قام والي بيروت بتعيين حسن آغا شقيق (محمد سعيد بن شندين) حاكما لمدينة طبريا، وسارع شندين آغا الوالد، وزعيم الأكراد الأكبر، لتحذير ولديه سعيد في بيروت وحسن في طبريا، من التعرض لعقيل منعا للحرب، ومنعا لتحقيق خطة السلطات العثمانية ، امتثل حسن لخطة أبيه ، أما سعيد فكان رده: "إن البلاد لا تسعنا وتسع عقيل فإما نحن أو هو فيها"[45]. وسارع الأكراد لتوجيه تهمة التمرد على والي صيدا إلى عقيل، وصرّحوا بنيتهم ردعه بصفتهم قوات غير نظامية في المفوضية السورية[46].

كان عقيل أذكى من أن يؤخذ على حين غرة، فسارع ليلفت نظر السلطات إلى ما يدور، فأخبر والي عكا (حمدي باشا) بأنه على علم بما يدبر له الأكراد وأضاف موضحاً: " إذا كانت السلطات غير راضية عن عملي فلتجردني من عملي. ولتبعدني عن المنطقة، فما أنا إلى خادمها المطيع، أما أن تأتي بالأكراد إلى منطقة نفوذي، فهدا عمل يثير العداوة[46].

وفي ربيع (1857) بدأ الأكراد برص صفوفهم في طبريا، كما وصلت إليهم إمدادات من سوريا إلى عكا عن طريق بيروت[48]. وكذلك قام عقيل بدوره، وبعد تأكده من أن الحرب واقعة لا محالة، استدعى كافة أنصاره من الهنادي، قبائل

الحاسي والطحاوي، والحرابي والبراعصة، الذين وصلوا منذ فترة قريبة من مصر، وانضم إليهم محاربون من الناصرة بقيادة محمد آغا عون الله[49]. وقبيلة الصبيح من منطقة جبل الطابور[50]. وقبيلة الصقر من منطقة بيسان[51]. وأفراد من قبائل أخرى من منطقة الجليل،[52] مما جعل كفة الميزان تميل لصالح عقيل، ولذلك الجمعية البريطانية لبحث فلسطين (P.E.F.) تقول بأن بعض القبائل التي أقسمت يمين الولاء لعقيل لم يتمكن من إشراكها في القتال[53]. وعلى ما يبدو، فإنه خشي من خيانتها، أو أنه اختار الأفضل من بين أنصاره للمواجهة واستبقى الآخرين للطوارئ، وهكذا بلغت قوات عقيل في بداية المعركة (300-400) رجل مقابل (600-700) كردي[54].

قسم عقيل جيشه إلى ثلاث فيالق : الأول بقيادة إبراهيم آغا عبد النور وتتشكل من قوات الناصرة وقسم من الصبيح والصقر.. والثاني: بقيادة أخيه صالح، وتشكل من قوات الحرابي والبراعصة، وما تبقى من الصقر والصبيح، والثالث يقوده بنفسه. وتشكل من رجاله المقربين الذين يثق بهم[55]. أما في الجانب الكردي، فلم تصل أخبار عن استعداداتهم، سوا أنهم كانوا بقيادة حسن آغا الذي حاول في الماضي أن يمنع المواجهة.[56].

آثر عقيل أن يستخدم عنصر المفاجأة. فبادر إلى الحرب، وزحف لمواجهة الأكراد عند قرون حطين في أرض وادي الحمام. وقد هاجمت قوة إبراهيم آغا عبد النور من جهة الغرب من قرية لوبية، وهاجمت الفرقة الثانية بقيادة صالح آغا الحاسي من جهة الشرق باتجاه طبريا، أما عقيل ورجاله فتمركزوا في قرية حطين لمتابعة المعركة[57]

مالت الكفة في البداية لصالح الأكراد، فقد تمكنوا من دحر هجوم عبد النور وفرقته وطاردوهم، وقتلوا ستة من عناصرهم، وكذلك تمكنوا من وقف تقدم قوات صالح

وفرقته، عندها، نزل عقيل بقواته، وانظم إلى أخيه، فدب الحماس في جنوده وتمكنوا من إعادة الهجوم[58]، وطردوا الأكراد حتى أوصلوهم إلى مقام النبي شعيب، عندها صاح بهم عقيل "دعوهم نبي الله بيني وبينهم"[59]. إن نصر عقيل يعود إلى عدة أسباب أهمها :

1. أن رجال عقيل كانوا مقاتلين أقوياء، وذوي خبرة.

2. كون الأكراد دخلاء على المنطقة، ولا يعرفون تضاريسها وظروفها.

3. وصول الأكراد من بيروت إلى طبريا قبيل الحرب بأيام مما جعلهم يقدمون على الحرب وهم متعبون.

4. مقتل حسن آغا بن سندين، قائد الأكراد على يد شهاب الأحمد شيخ عرب الصبيح[60]. الأمر الذي أثار بلبلة في صفوف الأكراد[61].

حزن عقيل على حسن، أقام له مراسيم دفن محترمة، وواراه الثرى في قرية لوبية[62]. وبلغت خسائر الأكراد في هذه المعركة، قرابة 150 فارس. ولم تذكر المصادر خسائر عقيل ولكن الواضح أنه انتصر نصرا حاسماً على الأكراد. لقد نظم الشعر لهذا الانتصار. وقد هنأ بدوي اسمه لافي عقيل آغا بالأبيات التالية بلغة البداوة[63]:

يا رب يا عالم بالخفيات — على شيخ بالخسارات رام
محمد سعيد من عام في بيروت بيات — ناوي على الشينات ولد الحرام
يكتب ويقدم في عروض حالات — عساكره في الشام تعطي العلام
ابو موسى كتب لكل البديوات — جته اخوات صبحا فوق قب همام
جته عيال جدعا فوق طوعات — جته مع اخوات صبحا بالتمام
عيسى اغا انتخا قدام الاغوات — غير ضرب السيف ما له كلام

صبيان هـنـادي ملتفـين بحرامات	وحـرابهـم تـشـبه برق الظلام
محمد عـلي قـط نصـف الاغـوات	حَـلف غير السـيف ما له اعلام
شـهـاب الحمـد يا زبن العـفيـفات	سـيفه معلـق لأيام الـزحام
صالح اغـا صاح بالخيـل صيحات	كرفَـت الخيل في وادي الحمـام
محمد سـعيد قل حسن ذي مصيبات	ضرب يقـوتنا الثـقل وايا الخيام
المـجـروح منهـم درج وما بـات	خَـش بطبـريا تبـلى بانهـدام

وعند نهاية المعركة، سارعت السلطات العثمانية إلى الاعتـذار أمـام عقيـل عـن المتاعـب التـي واجههـا، زاعمين أن لا يد لهم في الأمر، ولكن عقيل الذي كان مدركا للأمر برمته، قد أسره في قلبه [64].

2.هـ. عقيل وأحداث 1860

شهد عام 1860 ذروة الصراع بين الدروز والمسيحيين في لبنان، كما تفجرت موجـة الغضـب الإسـلامية في بيروت ودمشق وشهدت مذابح المسلمين ضـد المسـيحيين في سـوريا ولبنـان، بيـنما سـاد الهـدوء شـمال فلسطين، هذا الهدوء الذي يرجع معظم الدارسين الفضل فيه إلى عقيل، وسياسته في تقديم المسـاعدات للمسيحيين الفارين والحماية للمسيحيين في منطقته، وكذلك فعل آخرون من مسـلمي جماعـات الـبلاد أمثال محمد الصفدي في الناصرة، الذي خلص جماعة باحثين فرنسيين من أيدي جماعات مـن المسـلحين في منطقة طبريا، وكذلك مفتي عكا الشيخ (عبد الله أبو ندى) الذي وقف بحزم ليمنع المسـلمين في عكـا من الاعتداء على النصارى[65].

كان الهدوء في البلاد نسبياً مقارنة مع ما يدور في سوريا ولبنان. ولكـن حـالات الخـوف والرعـب كانـت تسود أوساط غير المسلمين في البلاد، مما دفع عدة عائلات

مسيحية ويهودية إلى الهجرة إلى المدن الساحلية في البلاد. وقسم آخر آثر الابتعاد بعيدا فهاجر إلى الإسكندرية، وحتى إلى أثينا.

استغل المسلمون حالة الرعب هذه، وبدأوا بكتابة عبارات التهديد على أبواب الكنائس، مما ألجأ اليهود في صفد إلى دفع ضريبة الحماية، لبعض العناصر المأجورة من أجل حمايتهم من سطو المسلمين[66]. وفي الوقت الذي عقد فيه مشايخ قرى الشمال اجتماعا في لوبية لبحث سبل القضاء على النصارى في المنطقة، بالتعاون مع البدو[67].

عندئذٍ، توجه بعض وجهاء المسيحيين للتشاور مع عقيل في الأمر، وكان من بينهم حبيب تلحمي من شفاعمرو، الذي التقى عقيلا عند تواجده في منطقة (بئر المكسور). وقد كشف عقيل لتلحمي عن رسالة وصلته من مسلمي سوريا تطلب إليه مهاجمة نصارى البلاد، ولكنه عمل بالعكس، فطلب من رجاله حماية النصارى وحماية حدود الأردن ومنع تسلل السوريين عبرها إلى البلاد[68]. حتى لا يتسببون في بعث الفوضى والتحارب في المنطقة وأخذ عقيل على نفسه أن يحارب كل من يتعرض لنصراني أو يهودي بالأذى في منطقته[69].

أما الرجل الثاني الذي التقى بعقيل من النصارى فكان طنوس قعوار على رأس وفد رفيع المستوى من الناصرة، وكانت تربطه بعقيل صداقة، وأراد أن يعرف موقف عقيل من الأحداث، ومن المذابح المتوقعة ضد المسيحيين، وذلك عقب إرسال عقيل من يأخذ من قعوار نفسه أغراضا كان عقيل قد تركها أمانة عنده، مما أثار شكوكه، ودفعه إلى الخروج للقاء عقيل، والتحقق من موقفه[70]، وتزامن ذلك مع مشاركة عقيل في اجتماع مشايخ الفلاحين والبدو في (لوبية) للبحث في مؤاذات المسيحيين[71]، وقد تركزت مطالب قعوار إلى عقيل، بأن يمنع ذبح المسيحيين، وأن يميل إلى صفهم، وقد تجرأ قعوار ودخل إلى اجتماع الزعماء والمشايخ، وقال

مخاطبا إياهم: "ما الذي ترمون إليه من أعمالكم الأموال قد أخفيت ولن تصلوا إليها، أما دم الأبرياء من النصارى فستثأر له دول أوروبا المسيحية"[72].

أكد عقيل لقعوار أنه سيواصل الوقوف إلى جانبهم كعهده، ولكنه حذره أيضا من توقع هجمات (بنو صخر) من الأردن للتنكيل بالنصارى، وعندما عاد قعوار إلى الناصرة. بادر إلى عقد اجتماع لوجهائها من النصارى والمسلمين في بيته، وأخبرهم بما دار بينه وبين عقيل مما دفع المجتمعين على التعاهد على الوحدة، والوقوف يداً بيد في وجه أي عدوان على الناصرة، وأهلها بجميع طوائفها، ويجدر الإشارة بأن الهجوم لم يكن سوى وهم، وأن الهدوء ساد المنطقة بأكملها [73]. ولم يحدث في الجليل مواجهات كتلك التي وقعت في لبنان وسوريا والسبب في ذلك راجع لموقف عقيل ومواقف المسلمين الواعية في المنطقة [74]، كما أن قدرة عقيل على التحكم في المواقف وضبط الأمور في الجليل عادت عليه بالفوائد الكبيرة.

إذ قوت من نفوذه، وجعلته محط تقدير الأوروبيين، وهذا ما ورد في خطاب القنصل الموجه إلى عقيل في (15 آب 1860): "إن موقفك جعلك تبرز عن الآخرين في منطقة صفد، وذلك من خلال أعمالك الخيرة الايجابية في حفاظك على أمن النصارى واليهود من رعايا الإمبراطورية في المنطقة.

تلك الأعمال التي أثلجت صدورنا وصدور آخرين غيرنا ولا ريب. ولن تنسى الدول الأوروبية أن تثني على مواقفك. وها أنا أبدي ابتهاجي لأعمالك، وأوجه ثنائي لك على كل ما فعلته تجاه الطائفتين(النصارى واليهود)" [75].

كما وقام نابليون الثالث بمنح عقيل وسام الشرف الفرنسي من على ظهر سفينة رست في ميناء حيفا. كما أهدى إليه سلاحاً وبزّة[76].

2.و. علاقات عقيل مع السلطات (1860- 1864)

كان لمواقف عقيل في حماية الرعايا غير المسلمين إبان أحداث (1860) أثر كبير في توثيق علاقته مع الجهات الأجنبية. فقد أصبح بعد أحداث (1860) حليفاً للفرنسيين مما أثار مخاوف العثمانيين مـن أن يقدم عقيل على إقامة تحالف بين قبائل البدو للتمرد على الدولة العثمانية وبدعم فرنسي[77]. كرد فعل على محاولاتهم إزاحته من منصبه والمس بصلاحياته. ولذلك أقدم العثمانيـون علـى إزاحتـه فعـلاً وفور خروج الفرنسيين بقوتهم التي وصلت إلى البلاد في غمرة أحداث (1860). اذ اسـتدعي عقيـل مـن قبـل قائد القوات العثمانية في دمشق للمثول أمامه. وكانت السلطات تنوي تنحيته فعلاً ولكن عقيلاً الـذي أدرك نوايا الدولة لم يستجب للأمر، ولم يذهب إلى دمشق[78]. فقد تعلم درس النفي جيداً، وحرص منـذ رجوعه من منفاه(1855) على الامتناع عن أي مواجهـة مباشرة مـع السلطات[79]. فبـدلاً مـن الامتثـال للدعوة قام بتنظيم حملات سطو ونهب في شمال البـلاد لـزرع الخـوف في النفوس. وتوجيـه رسـالة إلى العثمانيين يطلبون السماح لهم بإعادة قواتهم إلى المنطقة[80].

في عام (1883) أراد العثمانيون أن يعيدوا بناء قوتهم النظامية على حساب القوات غير النظامية لـذلك .. طلبوا من عقيل ورجاله أن يلبسوا البزة العسكرية[81] ومعنى ذلك : يصبحوا جزءاً من القوة النظامية ولكن عقيلا رفض الأمر[82] مما دفع بالعثمانيين إلى تنحيته ، ولكنهم سرعان ما أعادوه إلى منصبه وبعد فترة وجيزة[83].

كما شهد العام 1883 قصة أخرى بين عقيل والعثمانيين، كان ذلك عندما عبرت أعداد من قبائل الصـقر وبنو حسن والسردية إلى منطقة طبريا بعد أن ضربهم علي باشا والي دمشق بسبب أعمال النهـب التـي مارسوها داخل سوريا[84]. ولم يتمكن عقيل من الوقوف بوجههم لوحده، فطلب المدد من حسن أفندي حاكم عكا، الذي

استجاب لطلبه، وبعث بجيش نظامي من المشاة ووحدات المدفعية بلغ قوامه (200) جندي من عكا ودمشق، تمركز في طبريا لنجدة عقيل مما دفع بالبدو إلى التراجع بدون قتال ولكن عقيلا فهم أن هذه القوة التي أرسلها حاكم عكا.. كانت في النهاية موجهة ضدّه وأن هدفها الأسمى قمعه وتنحيته، فبادر بإرسال كتاب استقالته إلى بيروت.[85]. على أمل أن لا يقبل الوالي هذه الاستقالة. وأن يستمر في التعامل مع عقيل على أنه القوة القادرة على حفظ الأمن في شمال فلسطين ، كما أمل بأن يدعم الوالي سلطانه في منطقة عكا ، وقام بإرسال وفد لهم ، من يهود طبريا لإقناع الوالي بضرورة دعم عقيل في مهمته ووظيفته[86]. وهنا تجدر الإشارة إلى العلاقة الوطيدة بين عقيل ويهود شمال فلسطين عامة ويهود طبريا خاصة [87]. وقد وقف إلى جنبه قناصل فرنسا في حيفا وبيروت ولكن قبولي باشا والي بيروت، قبل الاستقالة ، لأنه اعتقد بضرورة تحول القوات في ولايته إلى قوات نظامية ورأى في عقيل حجر عثرة في سبيل تحقيق ذلك[88].

بعد استقالة عقيل عاد ليسكن في تل الحاسي بغزة. بين عشيرة التياها والطرابين[89] وكذلك.. عادت أعمال النهب والسلب تتجدد في شمال البلاد. وعادت قبائل البدو المحلية لتهاجم قرى الفلاحين ومزارعهم، وبقيادة (صالح الحاسي) شقيق عقيل. ووصلت هجماتهم حتى الناصرة محولة الوضع في المنطقة إلى خطير وغير محتمل. وقد انضم الجنود الهاربون من الخدمة إلى قوات البدو[90] مما جعل قبولي باشا يقتنع بأن لا بديل لعقيل في المنطقة ، وان الوقت للاستغناء عن خدماته لم يحن بعد، كما تزايدت الضغوطات على قبولي باشا من قبل القناصل الفرنسيين وكذلك القنصل البريطاني في حيفا. ساندويث (Sandwith) الذي انضم إلى القنصل الفرنسي فيها طالبا إعادة عقيل إلى منصبه أواخر عام (1863) [91].

وجه قبولي باشا والي بيروت دعوة إلى عقيل لزيارته في بيروت بهدف إعادته إلى منصبه رسميا، وقد لبّى عقيل الدعوة بعد أن تلقى تعهدا من قنصل فرنسا بضمان سلامته. وتم اللقاء في كانون الثاني (1863)، وبعدها بأيام رجع عقيل لمزاولة أعماله ومهامه في المنطقة كسابق عهده [92].

وفي مطلع العام (1864) أقدم قبولي باشا على محاولة تنحية عقيل من جديد، وذلك في أعقاب فشل الوالي بابتزاز رشوة كبيرة من عقيل، مقابل إبقائه في منصبه وعدم مضايقته.

وجه الوالي قبولي قوة للقبض على عقيل الذي فرّ مع قواته إلى منطقة السلط واعتصم فيها. ولم تنجح قوات الوالي في إلقاء القبض عليه، مما دفع الباشا إلى الاعتذار لعقيل وإعادته إلى منصبه ولسلطانه من جديد [93].

وقد استمر (خورشيد باشا) الذي خلف قبولي باشا (1864) بنفس السياسة محاولا كبح جماح عقيل ورجاله، فبادر باتهام عقيل بحماية الخارجين على القانون وإيوائهم، وعاقبه بقطع وجبات الطعام التي كانت ترسل لرجاله حتى ذلك الحين [94].

2.ز. عقيل آغا (1865- 1870)- نهاية المطاف

في أعقاب تنحيته عام (1864)، اتخذ عقيل خطوات جديدة، وخططاً جديدة ليثبت للسلطات العثمانية إن وجوده ضروري لحفظ الأمن فقام بتوسيع دائرة ضرباته، فعمد إلى مهاجمة نابلس التي لم تكن ضمن منطقة نفوذه. واهتم بتوسيع الدائرة لتصل إلى طبريا وصفد، لتصلها ضرباته، ولتعمها الاضطرابات [95] مما جعل السلطات تنظر للأمر وكأنه تمرد حقيقي وكبير، وليس مجرد خطوات تكتيكية لرجل ذكي نُحي عن منصبه ويريد أن يثبت كم هو قوي ومهم. وقد شملت الخطة الجديدة المس باليهود وأصدقاءه السابقين [96]. وهكذا حملت أحداث (1864-1865) العنيفة

السلطات على الرد السريع والقاسي، وجعل كبار المسؤولين في الدولة العثمانية يتدخلون في المهمة وهدفهم الوحيد، وضع حد لتصرفات عقيل. كما صدر مرسوم سلطاني من العاصمة اسطنبول يحض القوات في ولاية سوريا على ضرب عقيل[97]. بداية في معسكراته في بيسان والأغوار، ومن ثم في منطقة نفوذه الرئيسية في الجليل، وقد جعل المهاجمون نصب أعيونهم هدفا محدداً يتركز في تطهير المنطقة من نفوذ البدو، ووقف تسربهم إليها عبر الأردن [98]. فقامت قوات هولو باشا حاكم نابلس لمهاجمة البدو من الجنوب، تساندها قوات الكرد، ووحدات المدفعية من جهتي الغرب والشمال، في المناطق الجبلية، مما دفع عقيل إلى الفرار تاركا كل من يملك غنيمة للمهاجمين[100].

كان المنفذ الوحيد أمامه للهرب طريق شرق الأردن فسلكه لاجئاً إلى البلقاء، في حين انسحبت قوات العثمانيين، وبقيت قوات الكرد تتمركز في منطقة الغور للحفاظ على ما أنجزته الحملة، والاستمرار في مطاردة عقيل وحلفائه في المناطق الشرقية[101]. وقد وجد عقيل وحلفاؤه ملجأً لهم في السلط بعد أن خسروا كل شيء، وقد وجدوا ترحيبا وضيافة طيبة من أهل المنطقة وخاصة من صالح الجابر ابن الناصرة الذي رحل إلى السلط قبل ذلك بمدة وجيزة، فقدم لعقيل وأهله خياماً ومعدات، كما قام بتسليح بعض من رجال عقيل[102]. وهكذا وجد عقيل (سيد الجليل) نفسه مجردا من كل شيء، مطاردا مستسلما لحماية أهل مدينة السلط. في حين تركزت نشاطات العثمانيين وفعالياتهم للحيلولة دون عودة عقيل من خلال تشديد الحراسة وتكثيف القوة في منطقة الأغوار الأمر الذي جعل عقيلاً يستنتج إن الإمكانية الوحيدة المتبقية أمامه للالتفاف على القوة العثمانية في الأغوار تتمثل بإيجاد عنصر جانبي من ذوي التأثير.

كان إسماعيل باشا حاكم مصر هو العنوان والمخلص بالنسبة لعقيل، فقد كان إسماعيل على علاقة طيبة مع العثمانيين [103]، وبفضل جهود إسماعيل أعيد عقيل عام (1866) لمزاولة مهامه في الجليل [104]، وبقي حتى وافته المنية عام (1870) [105].

وهنا تجدر الإشارة إلى أن عقيلاً، وعلى مدى ثلاثين عاماً قضاها يمارس مهام سلطته في الجليل لم يقم له مركزاً إدارياً أو سلطويا، كما انه لم يتلقّ كتاب تعيين رسمي ضمن نظام التعيينات الإدارية في الولايات العثمانية كما كان الأمر بالنسبة لآل طرباي في القرن السابع عشر- وكذلك ظاهر العمر وأبنائه في فلسطين في القرن الثامن عشر.

بقي عقيل شيخا لقبيلة بدوية دخل في خدمة السلطات العثمانية وأنهى مهمته بدون امتيازات، وقضى حياته في حراسة حدود الدولة، واستطاع أن يثبت أنه الحاكم غير المتوج في منطقة تجوال قبيلته ومناطق الجوار انه كان أكثر شخصية بارزة عملت في فلسطين في القرن التاسع عشر.

مصادر الفصل الثامن

1. Murray, G.W., Sons of Ishmael: A Study of the Egyptian Bedouin, (London, 1935), p. 294.

2. P.E.F., 1906, P 223.

3. منصور , ص 73

4. نفس المصدر؛ العورة، ص ص: 229، 291.

5. P.E.F., 1906, P 22; 3 اوبنهايم 2 ، ص

6. P.E.F., 1906, P 22

7. Dixon, W.H., The Holy land, (London, 1868), pp: 111-113;

لينتش ، ص .163

8. P.E.F., 1906, P 287; ؛ 83 ،73 :منصور، ص ص

9. منصور، ص ص: 73، 83

10. معوز، التنظيمات، ص 138 .

11. منصور، ص ص: 73-74 ؛ معوز، التنظيمات ، ص 138؛

P.E.F., 1906 , P. 287.

12. منصور، ص 73.

13. فين، ص 249؛ منصور، ص 74.

14. لينتش، ص ص: 60 -62؛ فين و ص ص: 249 ، 403 .

15. منصور، ص 74.

16. نفس المصدر؛ فين ، ص 249؛ لينتش ، ص ص: 90، 121؛

P.E.F., 1906 , P. 287

17. لينتش، ص ص: 60، 121؛ فين ، ص 249.

18. لينتش، ص 39.

19. فين، ص .250

20. نفس المصدر.

21. لينتش، ص ص: 54-55، 58-60 .

22. فين، ص ص: 250-253، لينتش، ص ص: 60، 64، 65، 72 .

23. لينتش، ص 251 .

24. فين ، ص 253.

25. نفس المصدر، ص ص: 251-252 .

26. منصور، ص 74؛ فين، ص، 249؛ .P.E.F., 1906, P. 287

27. منصور، ص 74 .

28. صالح، شكيب. تاريخ الدروز، (بار ايلان، 1989)، ص ص: 146-148؛ خطط الشام، ج3، ص 80؛ معوز، التنظيمات، ص ص: 126-.128

29. منصور، ص 74؛ تاريخ غزة، ص 187.

30. رفائيليفتش، حروب الفلاحين، ص 7 ؛ منصور، ص 74؛ شلوش تحولات، ص 238.

31. فين، ص ص: 258-259؛ منصور، ص 74؛ تاريخ غزة، ص 178؛ رفائيليفتش: حروب الفلاحين، ص 27.

32. منصور، ص 74؛ شلوش، تحولات، ص 283؛ .P.E.F., 1906, P. 288

33. أساف، العرب تحت حكم الصليبيين، المماليك والأتراك، ص 260؛ منصور، ص ص: 74-75؛ شلوش، تحولات، ص 283؛ P.E.F., 1906, P 288 .

34. منصور، 74؛ رفائليفتش، حروب الفلاحين، ص 7؛ P.E.F., 1906 , P. 288

35. منصور، ص 74.

36. فين، ص 247.

37. منصور، ص 75؛ تاريخ غزة، ص 187؛ رفائليفتش، حروب الفلاحين، ص 27؛ شلوش، تحولات، ص 238. هذا المصدر يذكر عام 1854 بأنها السنة التي رجع بها عقيل إلى مهامه.

38. منصور، ص ص: 75-76 .

39. نفس المصدر، ص 76 .

40. عن الأكراد، أنظر معوز، التنظيمات، ص ص: 58، 135.

41. فين، ص 253؛ منصور، ص 75.

42. F.O. 195/524, Finn to Radcliffe, No. 12, Jerusalem 8 April 1857.

43. فين، ص 253؛ معوز، التنظيمات، ص ص: 59-60 .

44. منصور، ص 76.

45. نفس المصدر .

46. نفس المصدر؛ P.E.F., 1906, P. 88

47. منصور، ص 76.

48. منصور، ص 76؛ رفائليفتش، حروب الفلاحين، ص 31؛ شلوش، تحولات، ص 239؛ P.E.F., 1906, P. 288.

49. كناعنة، محمود عبد القادر. تاريخ الناصرة، (الناصرة 1964)، ص 9؛ منصور، ص 76.

50. Ashkenazi, T., Tribus Semi-Nomades de La Palestine Du Nord, (paris,1938) P.203 (فيما بعد اشكنازي);

تاريخ غزة، ص 187؛ اوبنهايم 2، ص 28.

51. منصور، ص 76؛ تاريخ غزة، 187.

52. اشكنازي، البدو، ص 202 .

53. P.E.F., 1906 , P. 289.

54. نفس المصدر؛ منصور، ص ص: 76-77؛ رفائيلفتش، حروب الفلاحين، ص ص: 29-30، 55.

منصور، ص 76 .

56. اشكنازي، البدو، ص 208 .

57. منصور، ص 76 .

58. أرشيف دولة إسرائيل؛

Fasz 39, AKKa-Haifa 3 Apr. 1857, 10 Apr . 1857; F.O. 78/1294, Jerusalem, 8

Apr . 1857

59. منصور، ص 77؛ P.E.F., 1906 , P 289

Zenner , W.P., "Aqiili Agha : The Strongman in the Ethnic Relations of the

ottoman Galilee", <u>Comparative Studies in society and History</u>, 14 (1972), p.

174 (فيما بعد: زينر).

60. منصور، ص 77.

61. اشكنازي، <u>البدو</u>، ص 203 .

62. منصور، 77؛ شولش، تحولات، ص ص 239؛

F.O.78/1521, Nazareth 10 Aug., 1860.

63. منصور، ص77. أبو موسى- عقيل آغا؛ أخوات صبحا- عرب الصبيح؛ الهمام- جياد الخيـل؛ عيـال
جدعا- عرب الصقر؛ شهاب الحمد- شيخ عرب الصبيح؛ زبن العفيفات- حامي النساء.

64. منصور، ص 91؛ معـوز، <u>التنظيمات</u>، ص 230، أرشـيف دولـة إسرائيـل، 93/22/20/ف، رسـالة
القنصل البريطاني في القدس إلى عقيل- 15 آب (أغسطس) 1860.

65. الخازن، فريد وفليب: <u>مجموعة المحررات السياسية والمفاوضات الدوليـة عـن سـوريا ولبنـان،</u>
(جونية، 1911)، ج3، وثيقة رقم 156 (فيما بعد: المحررات السياسية).

66. شولش، تحولات، ص 240 ؛

F.O. 78/1521, Jerusalem 31, Aug. 1860.

67. منصور، ص 91؛ .P.E.F., 1906, P. 289

68. زينر، ص 176 .

69. P.E.F., 1906, P. 289;

رفائليفتش: حروب الفلاحين، ص 32 .

70. منصور، ص 91؛ شولش، تحولات، ص، 240؛ شولش، عقيل آغا، ص ص: 465-470.

71. منصور، ص 92.

72. نفس المصدر، شولش، تحولات، ص 240 .

73. زينر، ص ص: 176-177؛ شولش، تحولات، ص 240؛ منصور، ص93 .

74. المحررات السياسية، ج3، وثيقة رقم 156 .

75. أرشيف دولة إسرائيل، 793/22/20/ف، رسالة القنصل البريطاني في القدس لعقيل اغا- 15 آب (أغسطس)، 1860 .

76. Hardy, G., Histoiri de Nazareth et de ses Sanctuaries, (Paris, 1905) pp: 227-229;

شولش، تحولات، ص 240 .

77. ديكسون، ص 114 .

78. نفس المصدر، ص 115 .

79. فين، ص 255 .

80. ديكسون، ص 115 .

81. منصور، ص 78؛ ديكسون، ص 115 .

82. منصور ص، 78؛

P.E.F , 1906 , P . 289

83. منصور، ص 78؛ ديكسون، ص 115؛

P.E.F. , 1906 , P . 289.

84. منصور، ص ص: 78-79؛ رسالة القنصـل البريطـاني في القـدس مؤرخـه- 7 تمـوز (يوليـو) 1863،
بداخل: <u>البدو والبداية</u>، ص 481.

85. شولش، <u>تحولات</u>، ص 243؛ شولش، عقيل آغا، 470-473 .

86. شولش، تحولات، ص 243 .

87. نفس المصدر .

88. نفس المصدر .

89. تريسترام، ص 91 ؛ منصور، ص 78؛

P.E.F. , 1906 , P . 289-290.

90. شولش، تحولات، ص ص: 243-244؛ رفائيليفتش: <u>حروب الفلاحين</u> ص 33.

91. منصور، ص 79؛ شولش، تحولات، ص 244؛ ديكسون، ص 115.

92 . منصور، 79.

93. تريسترام، ص 92؛ ديكسون، ص 115.

94. شولش، تحولات، ص 244؛ معوز، <u>التنظيمات</u>، ص ص: 140-141 .

95. شب، شلومو ودان بن اموتس (محـرران)، <u>أرض صهيون أورشـليم</u>، (القـدس، 1973)، ص 34،
(فيما بعد: أرض صهيون أورشليم).

96. نفس المصدر.

97. نفس المصدر.

98. نفس المصدر.

99. منصور، ص ص: 79-80.

100. أرض صهيون أورشليم، ص 34، منصور ص ص: 79-80.

101. أرض صهيون أورشليم، ص 34 .

102. منصور، ص 80 ؛ تاريخ غزة، ص 188 .

103. عن العلاقات الحسنة بين حاكم مصر- الخدوي إسماعيل باشا مع السلطات العثمانية انظر:

شمير، شمعون. تاريخ العرب في الشرق الأوسط في الفترة الحديثة 1798- 1918، (تل ابيب، 1974)، ص ص: 73، 86 .

104. F.O. 78/1927 , Beirut , 7 Feb . 1866.

105. وليس عام 1866 كما كتب في : .P.E.F., 1906, p.290

الفصل التاسع: البدو في نهاية الحقبة العثمانية (1876 – 1914)

1. البدو في نهاية الحقبة العثمانية- وصف عام

في الربع الأخير من القرن التاسع عشر ساد فلسطين تحسنا ملموسا في الجانب الأمني، ولكن غير مكتمل ولا يبعث على الاطمئنان، فقد استمر البدو في إثارة الشغب وشن الهجمات، وفي عام (1876) هاجم بدو من الطرابين معلما في المدرسة الأسقفية الإنجليزية في القدس. وسرقوا منه (1500) فياستر وقد تهرب رفيق باشا حاكم القدس من ملاحقة الجناة، وعلى الرغم من احتجاجات القنصل البريطاني في القدس[1] والذي ادعى بأن كل اهتمامات حاكم عكا وورثته بما يتعلق بالبدو إنما تنبع من مصالحهم الشخصية، وليس من منطلق واجبهم ومركز لهم[2]. وتبع ذلك هجمات لبدو من عرب الرّولة (بطن من قبيلة عنيزة) وقبائل الصقر. وقبائل أخرى من شرق الأردن سنة 1877. على مناطق مرج ابن عامر الذي شكل الملجأ الآمن للبدو الذين هربوا من الأردن بسبب الحرب أو الجوع برأي،

166

(كوندير)، ويضيف (كوندير) أن المرج كان يمتلئ بالإبل فهي كتعداد رمال البحر[3].

كما أشار كيتشنر أحد الباحثين في الـ (P.E.F.) بأن قبيلة (بني صخر) وصلت عبر الأردن موقعا يمتد بين طبريا وبيسان وتجولت جمالهم في كل المنطقة، مما دفع الفلاحين إلى قطف ثمارهم وجني محاصيلهم قبل نضجها خوف أن ينهبها البدو. وأضاف (كيتشنر) أن فندي الفايز شيخ (بني صخر) كان لديه جيش قواته (4500) رجلاً وتلك قوة لا يستهان بها [4].

وفي سياق آخر ذكر (كيتشنر) أنه التقى (بني صخر) في وادي فَرَعَة، وقد نزلوا فيه بعد طردهم للفلاحين منه [5]، وأضاف: بأن الفلاحين في منطقة طبريا كانوا يدفعون ضريبة بقيمة (300) ليرة إسترلينية لقبيلة (بني صخر)[6].

كما أشار (فين) سنة (1877) إلى التعاون القسري بين الفلاحين والبدو في منطقة عناتا، هذا التعاون الذي فرضه البدو على الفلاحين قسراً في منطقة الغور، فقد أرغم الفلاحون على العمل في الزراعة في حين قام البدو بنهب المحاصيل مع حلفائهم، وإحراق ما لم يتمكنوا من نهبه ليلاً [7]. وأضاف (فين) بأن سكان إحدى القرى عمدوا إلى تقليص فلاحتهم من خمسين فداناً إلى ستة فدادين بسبب البدو.

في عام (1878) نشبت حرب بين قبائل العزازمة والطرابين في الجنوب، بسبب مناطق الرعي، وترجع جذور هذه الحرب إلى حرب سابقة بين التياها والعزازمة ولنفس الأسباب. وقد انضمت الطرابيين في حينه إلى العزازمة ضد التياها طمعا في الحصول على مرعى [9]. وكان أن خسر العزازمة المعركة، وبدأوا يطالبون حلفاءهم (الطرابيين) بتعويض يتمثل بمساحات من الأرض للرعي الأمر الذي رفضه الطرابيين مما أثار خلافات وحروبات استمرت حتى عام (1890)، وكان الفشل حليف العزازمة دائماً، مما دفعهم إلى التوجه للسلطة العثمانية في القدس وفي

غزة لطلب العون. كما توجه شيخ العزازمة إلى (اسطنبول) لشرح موقف عشيرته، وقد نجح في الحصول على مرسوم من السلطات المركزية في (اسطنبول) موجه إلى الحاكم العثماني في المنطقة (الجنوب) يطالبه فيه بتوجيه قوة لتأديب شيخ الطرابين ووقف المعارك بين القبيلتين [10]. وهكذا، أرسل الحاكم سنة (1890) قوة من (150) فارسا تمكنوا من إخضاع (الطرابين) واسر (13) شيخاً منهم وسجنهم في القدس [11].

وذكر (يوسف الياهو شلوش) "أحدا السكان اليهود في يافا" في مذكراته، حادثة سطو نفذها البدو في يافا سنة (1878)، أطلق عليها اسم "كارثة البشليك"، حيث أقدم بدو على جمالهم وحميرهم، مزودين بعملة "البشليك" لشراء البضائع من يافا، ولما رفض التجار بيعهم بدعوى أن (البشليك) (وهي عملة فضة خفيفة) يرفضها الصرافون. ويرفضون صرفها بالعملة ا(العصملية) (الذهبية) مما دفع البدو الذين عضهم الجوع ونال منهم، إلى مهاجمة الحوانيت، ونهب كل ما وصلت إليه أيديهم من البضائع وفي رابعة النهار [12]. وعلى ما يبدو، فان الحديث يدور عن قبيلة (الطرابين). وتذكر المصادر أن(الطرابين) من جنوب فلسطين، استغلوا فرصة انشغال العثمانيين في حربهم مع الروس ، ليعيثوا فساداً ونهباً في البلاد. فوصلوا في حملات سطوهم ونهبهم إلى يافا والرملة والقدس ونهبوا محاصيل الفلاحين فيها [13].

وفي عام (1877) نشبت مواجهات دموية بين قبيلة (أبو كشك) في محيط يافا وبين بدو وادي الحوارث [14]. وعلى ما يبدو فان هذه المعارك هي ذاتها التي تحدث عنها طوبيا أشكنازي (1932). وقد ذكر أن هذه المعارك اندلعت بسبب خطف محمد أبو يوسف شيخ قبيلة (أبو كشك) التي كانت تخيم على ضفاف اليركون، لصبحة، ابنة أمير الحارثية [15]. وفور تأكد خبر الاختطاف بدأ كل من الطرفين يستعد للقتال [16]

وقد انضم مطلق الشقيري زعيم قبائل التركمان إلى جانب الحوارث [17]. ولم تتدخل السلطات العثمانية إلا بعد سقوط عدد من القتلى ومن الطرفين لتضع حداً لهذه الحرب [18].

وفي عام (1883) كتب فيلكس بوفيت (Felex Bovet) مشيراً إلى أن شوكة البدو في فلسطين لم تكسر بعد، فهم لا يزالون يجبون الضرائب (الآتاوات) من فلاحين هنا وهناك. ويفرضون ضريبة الحماية على قرى بأكملها وحتى الضابط الحكومي يتجول تحت حراسة مشددة خوفاً من هجمات البدو المتوقعة في كل لحظة [19].

لم يكن ميزان القوى في الجنوب ثابتا أو مستقراً، فمرة تهاجم التياها العزازمة، ومرة تقف التياها نفسها إلى جانب العزازمة ضد (الطرابين)، ففي سنة (1887)، اندلعت الحرب بين الطرابين والعزازمة من جديد، وكان سبب الخلاف هذه المرة ارض في منطقة الخليل، ادعتها كل قبيلة منهما لنفسها، وقد تمكن (الطرابين) من إيقاع الخسائر بالعزازمة في كل المواجهات التي امتدت على مساحات واسعة، فكانت المحصلة مقتل (125) رجلا من العزازمة وإبادة ألف جمل وعدد كبير من الخيل والماشية، عندها انضمت التياها إلى جانب العزازمة خوفا من سطوة الطرابين، ولكنهم لم يتمكنوا من الصمود في وجه الطرابين وأحلافهم من بدو سينا، الذين دحروهم وطاردوهم حتى حدود الظاهرية قرب الخليل. وهناك وقعت المعركة الفاصلة حيث سقط عدد كبير من قوات العزازمة وخسرت الطرابين 16 رجلاً و(40) حصانا [20] ولم تكن هذه المعركة الأخيرة بين الطرابين والعزازمة، فقد ذكر (فلندرس بيتر) سنة (1890) قائلاً: "وقعت قبل أيام معركة بين العزازمة والطرابين في موقع يسمى (نجيلة) كانت حصيلتها ثمانية قتلى خمسة من قبيلة وثلاثة من الأخرى، ولا بد أن القبيلة الخاسرة برجلين، ستنتقم لرجليها مستقبلاً،

فهذه البلاد لن تعرف الهدوء إلا إذا أعيد هؤلاء "الهمج" إلى الصحراء التي خرجوا منها، وإذا وجدت قوة لحراسة الحدود والدفاع عن البلاد" [21].

وفي عام (1900) اندلعت مواجهات أخرى بسبب خلاف على مساحة (2000) دونم من الأرض في منطقة تل عراد، هذه المرة بين قبيلة (الظلام) وأهالي قرية (يطة) قرب الخليل، واستمرت المعارك سنوات طوال، ولم تتدخل السلطات العثمانية لوضع حد للقتال إلا سنة (1912)، حيث تمكنت من وقف القتال، وساقت عدداً من زعماء الطرفين إلى السجن في القدس، وضمّت الأرض المتنازع عليها إلى نفوذها (الجفتلك) [22]. كما شهد العام (1906) حادثتي سطو نفذتهما قبائل بدوية من جنوب البلاد ضد القبائل في وسط سيناء. كانت الأولى في كانون الثاني (1906) حيث قامت قوة تضم رجالات من القبائل (سعيدين، المعازة، القديرات، التياها، الكعبانية والطرابين) بعملية سطو ونهب على قبيلة (الحويضات) في صحراء سيناء.

أما العملية الثانية فكانت في حزيران (1906)، حيث قامت مجموعة من قبيلة (السعيديين) بمهاجمة مجموعة من المهندسين الذين جاءوا لترسيم الحدود بين مصر- وسوريا، وقد برروا فعلتهم بادعائهم بأنهم ظنوهم من قبيلة الحويطات [23].

2 . السلطات العثمانية والبدو

2.أ. الإصلاحات العثمانية والبدو

على الرغم من أعمال الشغب التي ذكرت آنفا، إلا أن الصورة العامة في البلاد، اتّسمت باستتباب الأمن نسبياً، كنتيجة لإتباع سياسة تسعى إلى كبح جماح البدو، وضبط تحركاته والحد من مخالفاتهم. هذه الإصلاحات التي بدأها العثمانيون في البلاد منذ أواسط القرن التاسع عشر- والتي من أهم أهدافها: إجراء إصلاحات

جذرية في مؤسسات الحكم والإدارة: الشرطة، المحاكم، مكاتب الإدارة المدنية، والمؤسسات الاقتصادية، ولكن تجدر الإشارة إلى أن هذه الإصلاحات لم تأت إلى حيز التنفيذ جميعها وكما يجب، كما ويجدر الإشارة إلى أننا سنتحدث هنا وفي معرض بحثنا عن الإصلاحات التي اتخذت من توطين البدو وكبح جماحهم هدفاً مباشراً أو غير مباشر لها.

2. أ. 1. قانون الأراضي

خلال سنوات الفوضى الإدارية، تشوش كل نظام الأراضي في البلاد، فوجدت مساحات كبيرة من الأراضي التي أهملها أصحابها أو هجروها بسبب الأوضاع الأمنية المتردية لفترات طويلة، كما استولى بعض البدو على مناطق وأراضٍ واستعملوها لمصالحهم دون أن يكون لهم حقوق ملكية عليها. فموضوع الملكية الخاصة لم يكن معروفا لدى البدو فالأرض عند البدو تمثل المرعى فقط، والمرعى ارض مشاع على وجه العموم تخص القبيلة وحلفاءها ولا تخص فردا لذاته.

الحكومة العثمانية التي مثلت الأرنونا (ضريبة الأرض) جزءً هاما من ميزانياتها كانت معنية جداً بوضع حد لهذا التسيب في موضوع الأراضي. وعلى ذلك فقد سنت قانون الأراضي سنة (1856)، وأتبعته بقانون الطابو سنة (1861)، وكِلى القانونين يهدف إلى التعريف بالأراضي وملكيتها، وتحديد حقوق المالكين، وقد حدد القانون خمسة أنواع من الأراضي:

1. الملك (الملكية الخاصة).
2. الوقف (التابع للسلطات الدينية).
3. الميري (أراضي الحكومة الزراعية تؤجرها لمن تشاء)
4. الملك العام (الطرق والوعور والأحراش)
5. أرض الموات (الأرض التي لا تصلح لشيء) [24].

وكما نرى فان الملكية الخاصة والكاملة في قانون الأراضي للأفراد، تختص بأرض الملك فقط، وأن الهدف الأساسي من قانون الأراضي؛ أن تضبط الحكومة ملكية الأراضي باسم المالكين دون غيرهم بهدف تنظيم عملية جباية الضرائب. وقد أشار القانون أيضا إلى أن كل ارض صالحة للزراعة يهملها أصحابها (من أهل الملك) ثلاث سنوات متتاليات بلا زراعة، تنزع ملكيتها من أيديهم وتتحول إلى أرض ميري (ملك للدولة) [25]. ولكن الفوضى لم تنته تماما بهذا القانون، وذلك لأن الفلاحين والبدو خافوا من هذا القانون، ووجدوا أنه سيشكل عبئاً عليهم في دفع الضرائب، كما خافا أن يكون وسيلة لتسجيل أبنائهم، وتجنيدهم في الجيش العثماني. لذا بدأوا بالتحايل على هذا القانون، وذلك بتسجيل الأراضي باسم أشخاص ذوي حظوة ونفوذ عند السلطات وهكذا، يستمرون باستغلال الأراضي كمستأجرين وليس كمالكين [26].

هكذا فعلت قبيلة (الزبيد) والتي استوطنت قرب بحيرات الحولة، والذين خافوا على أنفسهم من مبالغ الضرائب الكبيرة، وكذلك من دفع رسوم الطابو (الكوشان) وفوق كل ذلك: ظنوا أن الحكومة تسعى إلى تجنيد أبنائهم، الأمر الذي تهرب منه البدو دائماً[27]. لذلك توجهوا إلى عائلة (عابو) اليهودية في صفد، وعميدها الرابي شموئيل عابو والذي شغل منصب قنصل فرنسا في صفد، منصب الذي شغله من بعده ابنة يعقوب. (وتجدر الإشارة إلى أن عائلة (عابو) تمتعت باحترام الأهالي والسلطات على السواء) وقد اقترح البدو على عائلة (عابو)اليهودية أن تسجل الأراضي باسمها للتهرب من الضريبة، ولتدافع الأسرة اليهودية (القناصل) عن البدو عند السلطات على أنهم أجيرين عندهم ويعملون بأرضهم. وقد وافق إخوان عابو وسجلت الأراضي باسمهم[28].

تعمدت السلطات العثمانية تنفيذ قانون الأراضي بحذافيره مع البدو، فكل قبيلة لم تسجل أراضيها ولم تفلحها لثلاث سنوات متتالية؛ بادرت السلطات إلى مصادرتها وعلى وجه الخصوص مع القبائل المنشغلة بالحروب والخلافات، فعلى سبيل المثال: قامت السلطات بمصادرة أراضي تل عراد، وتحويلها إلى منطقة (جفتلك) بهدف وضع حد للحرب الدائرة بين قبائل الظلّام وأهل (يطّة) قرب الخليل سنة (1912) والتي تدور رحاها منذ سنة (1900) بسبب خلاف على (2000) دونم في منطقة تل عراد [29]. كما قامت السلطات بمصادرة الأراضي التي تنزل فيها البدو كعقاب لهم لعدم تسجيلها في مكاتب الطابو ومن بين البدو الذين صودرت أراضيهم لهذا السبب كان (بنو صخر) في مرج ابن عامر لأنهم لم يملكوا كوشان طابو [30]. وكذلك صادرت الحكومة أراضي البدو لبيعها في المزاد العلني لأنهم ادّعوا أن ثلثي المحصول يأخذه الفلاحون، وإنهم لا يملكون ما يدفعونه كضريبة عن هذه الأرض، واستناداً على قانون مصادرة الأراضي إذا لم تستغل لثلاث سنوات متتالية [31].

تعامل بدو النقب باحتقار شديد وتجاهل متعمد لهذا القانون، ورفضوا تأدية الضرائب أو دفع مستحقات للحكومة، كما رفضوا تسجيل الأراضي كما أستهانو بالقول القائل: "بأن صكّ الطابو (وثيقة الملكية) أقوى من أي سلاح في أيديهم"[32]. وعليه، فقد ارتأت الحكومة وبعد أن تبينت ان قانون الملكية لم يحل المشكلة أن تمنح ذوي الأملاك الكبيرة امتيازات بحيث يؤدون الضرائب، ويتمكنون من السيطرة على الفلاحين الأجيرين العاملين في أملاكهم، وهكذا يمكن ضبط وتسجيل أبناء هؤلاء الأجيرين للجيش او تجنيدهم لصد هجمات البدو [33]. وبناءً على ذلك بادرت السلطات لبيع مساحات واسعة من الأراضي الميري لأمثال هؤلاء الأغنياء وذوي الأملاك، والذين ثبت للحكومة قدرتهم على السيطرة والتأثير على الفلاحين. قدمت الحكومة لهم الأراضي كهبات، وهكذا، امتلكت عائلة (سرسق) من بيروت آلاف

الدونمات في سوريا وفلسطين، وكتب لورنس سنة (1880) عن هذه العائلة قوله: "إنهم أسياد يملكون ثلاثون قرية يسكنها خمسة آلاف إنسان يعملون في أملاكهم وتحت سيادتهم. ولن تجد قوة تستطيع أن تجعل كل هؤلاء الناس يخضعون لسلطتها، وينفذون أوامرها، كهؤلاء الناس، ولن تجد سيداً يتحكم بسلطته ويجعل كل من يعمل بأرضه يدور في فلك سيادته ويرضى بقبضته وسلطته كهذا الشخص (سرسك) الذي تتوسع أملاكه عاما بعد عام، حتى يظن بان الجليل كله سيكون في قبضته يوماً ما"[34].

وكذلك اشترت عائلة القباني من بيروت ألاف الدونمات في منطقة الساحل الفلسطيني (حيفا إلى عتليت)[35]. وكذلك عائلة (أبو كشك) البدوية، امتلكت عشرات الاف الدونمات في منطقة يافا[36].

2. أ. 2. المواصلات

حتى سنوات الستين من القرن التاسع عشر، لم تعرف منطقة سوريا بأكملها وسائل نقل آلية (على العجلات)، وكانت البضائع تنقل على الجمال والخيل، ولم يكن هناك طريق واحد معبّد، وبقيت الطرق ضيقة وخطيرة، حتى بين المدن، ولم يكن هنالك من يجرؤ على السفر وحده من مدينة إلى أخرى، إلا ضمن قوافل وجماعات[37].

هذا الواقع، وكون الجمال وسيلة نقل رئيسية مكّن البدو من السيطرة على الطرق التجارية، وعلى قوافل التجارة، ومنحهم مكانة هامة في الحياة الاقتصادية للبلاد. فهم مربّوا الجمال، وهم المزوّدون الرئيسيون للقوافل بالناقلات الجمال [38]. وكذلك شغلوا وظائف المرافقين والمرشدين للقوافل المارة في مناطقهم، وبهذه المهمة أصبحوا المسؤولين عن أمن وحماية القوافل أيضا، وتلقوا مقابل ذلك ضريبة الطريق[39].

ولكن وعلى الرغم من المرافقة البدوية، لم تسلم القوافل من عمليـات السـطو والنهـب والتـي لم تفلـح حتى النقاط العسكرية، والإدارة العثمانية في ردعها ومنعها[40]. ولذلك فكل زائـر للبـلاد بعـد منتصـف القرن التاسع عشر آمن بأن الحل لهذه الفوضى وعمليات السـطو، يكمـن في مـد سـكك الحديـد وشـق الطرق الرئيسية، وبناءً على ذلك، رسم مجموعة من الانجليز وبدعم من السير (موشي مونتيفيوري) عام (1856) خطة لإنشاء سكة حديدية للقطار من يافا إلى القدس[41].

وكذلك اقترح سندبث (T. P. Sendbeth) القنصل البريطاني في حيفا (1862 – 1865) إقامة سكة حديـد تصل بين حيفا ودمشق، مرورا بمنطقة مرج ابن عامر[42]. وفي مطلع الثمانينات من القـرن التاسـع عشـر جاء اقتراح لورنس أولفت (الرجل الذي اقترح إقامة مسـتوطنات يهوديـة في غـور الأردن) بإنشـاء سـكة حديد تربط بين حيفا وطبريا، ومنها إلى الحولة وعبر الجولان وصولاً إلى دمشق. وقد بُدئ فعـلاً بإنشـاء هذه السكة سـنة (1852) بإدارة شـركة خاصـة، ولكـن المشروع توقـف لأسباب سياسية واقتصادية، واشترت الحكومة العثمانية حقوق العمل فيها، وأخذت على عاتقها مهمة إكمال المشروع سنة (1902)، جنبا إلى جنب مع سكة حديد دمشق الحجاز[43].

وفي سنة (1863) سنت الحكومة العثمانية قانون شـق الطـرق وصيانتها وتوسـيعها، والـذي نـصّ عـلى مسؤولية الحكومة عن شق الطرق بين المدن وداخلها، وتـولي صيانتها وتوسيعها[44]، وفي عـام (1868) سن القانون المعد لهذا القانون ليشمل قانون الأمان على الطرق وسكك القطار، والـذي يقضي بتأمين الركاب ومعاقبة كل من يعرقل حرية السفر والتنقل[45]. وفي العام (1869) سنت الحكومة قانوناً اخـر بشأن المواصلات سمي "قانون الطرق والمعابر" خوّلت الحكومة بموجبـه حـق جبايـة ضريبـة الدربيّـة، وينص بإلزام كل مواطن في الدولة العثمانية من سن (16

60-) بالتطوع أربعة ايام في السنة للعمل في بناء وصيانة الطرق في منطقته. أو دفع (19) قرشا عثمانيا كفدية (46).

وفي عام (1869) شقت الطريق المعبّدة الأولى بين يافا والقدس. والتي دمرت بعد سنتين، ثم أعيد شقها وإصلاحها ثانية سنة (1881) لتكون طريق المركبات الأولى في البلاد (47).

وفي عام (1885) دشّن حاكم القدس (رؤوف باشا) وفي احتفال مهيب جسرالأردن الذي بلغ طوله (45) مترا وعرضه ثلاثة أمتار ونصف المتر، وبلغ ارتفاعه عن سطح الماء (12) متراً (48)، هذا الجسر الذي كانت له أهمية بالغة على صعيد الأمن والاقتصاد، كما أشار صحفي مقدسي في حينه بقوله: "كل سكان فلسطين وسوريا أبدوا سعادتهم بهذا الجسر الحيوي لتجارتهم (49).

وفي هذه الحقبة، تمّ تعبيد شارع حيفا-الناصرة طبريا بطول (64) كم. وشارع يافا نابلس بطول (68)كم (50). فمع اقتراب نهايات القرن التاسع عشر، انجزت السلطات العثمانية تعبيد طرق حيوية أهـما: (يافـا نابلس)، (القدس أريحا)، القدس بيت لحم)، (الخليل بيت جالا)، الخليل دورا، و(القدس عين كارم) (51). وقد توج مشروع تطوير الطرق بإنشاء خط سكة القطار في (14 – 9 – 1892) (وهو الاول من نوعه في المنطقة) وبلغ طوله (87) كم، ويصل بين يافا والقدس، مع محطات وقوف في كل مـن (يافـا، الرمـلـة، اللد، ودير أبان والبيرة والقدس) (52).

أما السكة الثاني، فقد بدئ العمل بانشائها عام (1892) بـإدارة شركـة خاصـة في حيفـا، ولكنهـا توقفـت لأسباب غير معروفة، وباعت كل حقوقها للسلطات العثمانية التي قامت بإتمام العمل جنباً إلى جنـب مع سكة الحجاز التي بوشر العمل بها عام (1900) (53).

هذه السكة التي أوليت اهتماما خاصاً من السلطان عبد الحميد لأهميتها الدينية والاستراتيجية، وكونها تربط اسطنبول بالحجاز عبر دمشق وحيفا، وتهدف إلى القضاء على اعتداءات البدو على قوافل الحجاج وخاصة في المنطقة بين سوريا ومكة[54]. فأصدر السلطان أوامره بـالإسراع في إنشـاء السـكة، وتـم انجـاز المشروع من اسطنبول إلى دمشق. ومنها إلى درعا (203)كم، من دمشق عام (1903) وصل المشرـوع إلى المدينة المنوّرة (1303) كم من دمشق [55] وكذلك انجز الخط من حيفا إلى درعا عام (1906) [56]، الأمـر الذي لم يرق للبدو، خاصةً وأن مشروع شق الطرق وانتشار سكك القطار رافقته قوة حراسة، مكونة من (3000) جندي عثماني تحسباً من هجمات البدو الهادفة إلى عرقلة العمل في المشروع [57].

وعلى الرغم من كل ذلك، لم تتوقف هجمات البدو نهائياً، فقد سجلت عام (1908) (128) حالة هجوم شنّها أفراد من البدو على سكة القطـار[58]، ولكـن ذلـك لم يقلـل مـن أهميـة السـكة في تعزيـز موقـف السلطة، وليكون لها الأثر الكبير على إحلال الأمن في المنطقة[59]. ومما زاد من فاعلية تأثير سكة القطـار على الأمن، كون بدو الأردن باتوا محاصرين ولا يتمكنون من التسلل إلى داخل فلسطين.

وقد أدّى تطور المواصلات السريع والمـذهل والمحكّم إلى إضرار اقتصـادية كبـيرة عـلى البـدو، فقـد قـلّ الطلب على استئجار الجمال، وكـذلك قـلّ الطلـب عـلى المـرافقين والمرشـدين مـن البـدو، مـما أدى إلى انخفاض سعر هذه الخدمات، وباختصار، يمكننا القول بأن تطور المواصلات، أجبر البدو على البحث عن مصادر رزق بديلة.

2. أ. 3. توطين المغتربين في البلاد (المهاجرين)

كان توطين المهاجرين في فلسطين، إحدى الوسائل التي اتخذها العثمانيون بهـدف تـدجين البـدو، ففـي سنة (1856)، احتـل الفرنسـيون الجزائـر، فهـاجرت مجموعـات مـن الجزائـريين إلى سـوريا وفلسـطين، فعمدت السلطات العثمانية إلى توطينهم في الجليل

الأسفل الذي كان مسرحا لتحركات البدو، مكونين أربع قرى سكانها من المهاجرين الجزائريين هي، (شعرا، عولم، المعدر وكفر سبت) وفي الجليل الأعلى أنشأ المهاجرين قرى جديدة هي (دلاثة، علما، وديشوم) وكذلك التلّول والحسينية بجوار مستنقعات الحولة [60].

وفي عام (1878) أجار السلطان عبد الحميد اللاجئين من الشركس والفارين من مجازر الروس في القفقاز فاستوطن عدد كبير منهم في فلسطين مكونين ثلاث قرى جديدة (كفر كما، سرونة، والريحانية) وقد شجع السلطان عبد الحميد الشركس على الاستيطان على الحدود السورية، أو في المرتفعات المهجورة ليشكلوا درعا في وجه الهجمات البدوية، في خطة مرسومة ومبرمجة [61]. وكذلك استوطن مهاجرون من البوسنة في منطقة قيسارية ومناطق أخرى شمال البلاد [62].

وفي السبعينيات والثمانينيات من القرن التاسع عشر تقدم مدحت باشا والي دمشق بمبادرة للإصلاح في ولايته تهدف إلى تدعيم الأمن ووضع حد لسطوة البد، وبناءً على هذه الخطة، بادر مدحت باشا إلى دعم استيطان الشركس في الجليل الأعلى، كقوة من شأنها أن ترجح الكفة ضد البدو، ولم يتردد مدحت باشا في دعم الشركس في صراعاتهم ومواجهاتهم مع البدو في الجليل والجولان على السواء [63].

2 . أ.4. محاولات توطين البدو في فلسطين

عانت الدولة العثمانية كثيراً من مشكلة البدو الرحل، وأدركت مع التجارب أن الحل الوحيد لمشكلة الترحال يكمن في توطينهم وحملهم على التخلي عن الترحال، كما حدث في (الأناضول) حيث نجح العثمانيون في تفكيك التحالفات التركمانية في شمال الأناضول، واضطروا السكان هناك إلى الاستقرار في مكان تجمع غرب الأناضول [64] ويرجع السبب في نجاحهم كونهم بدأوا في علاجها مبكراً وبحزم، ولكن هذه التجربة لم تنجح مع البدو في الأردن وفلسطين، وذلك لأنها جاءت

178

متأخرة (في النصف الثاني من القرن التاسع عشر)، حيث فطن العثمانيون للبلاد وبدأوا يولونها اهتمامهم.

وقد كان افتتاح قنال السويس سنة (1869) سبباً في تفتيح أعين العثمانيين على عمق تغلغل الأوروبيين وتنفذهم في هذا الجزء من الإمبراطورية العثمانية، مما جعل العثمانيين يولون اهتماماً أكبر بالمنطقة، وخاصةً النقب القريب من السويس. وجعلهم يخططون للتدخل الجذري والمباشر في شؤون البدو المتجولين فيه.ويبدؤون بالتفكير الجاد في توطينهم في تجمعات ثابتة، ففي عام (1869)، أصدر رشيد باشا حاكم سوريا الأوامر لرجاله في غزة بضرورة نبذ البدو للخيام، والانتقال للسكن في أكواخ (حجرية)، مما أثار البدو لمعارضة الأمر، والرد عليه فأقدموا على قتل الرجال الخمسة عشر الذين أوكلت بهم مهمة متابعة تنفيذ المشروع. عندها، أقدمت السلطات على تجنيد وحدة خاصة قوية وفعّالة لمتابعة الأمر وقامت هذه الوحدة بمصادرة قطعان البدو وبيعها للفلاحين بالمزاد العلني في أسواق القدس وبأسعار رمزية [65].

ولكن حتى هذه الإجراءات لم تحمل البدو على القبول في السكن في تجمعات حجرية. كانت خطة توطين البدو في فلسطين جزء من خطة توطين جميع المتجولين والرحّل من البدو وغيرهم كالتركمان، في جميع مقاطعات الدولة [66]. ولكن الفشل كان دائما يلازم خطة توطين البدو في منطقة الأردن وفلسطين بالذات.

وفي نهاية القرن التاسع عشر ضاعف العثمانيون جهودهم في شأن توطين البدو وتمثلت إحدى محاولاتهم بتنظيم إداري في محاولة لإخضاع البدو وضبط شؤونهم، انهم قاموا بمسح ميداني للقبائل البدوية وقد أشارت التقارير السلطانية (السلطان نامة) السنوية لولاية سوريا، عن هذا المسح لقبائل للبدو في سنجق عكا، وسنجق البلقاء. وكانت التقارير الواردة عن سنجف عكا أقل عنها في سنجق البلقاء. وقد

أوردت في التقارير الرسمية والإدارية قوائم حول توزيع البدو في سوريا عام (1302)هـ الموافق (1882)م [67].

سنجق عكا				سنجق البلقاء			
اسم اللواء	اسم القبيلة	عدد الأفراد	عدد الخيام	اسم اللواء	القبيلة	عدد الافراد	عدد الخيام
صفد	الهيب			البلقاء	بني صقر	2500	500
	قديرية				بني حسن	1500	300
	سواعد				بني عجارمة	1000	300
	جرامية				بني دعجة		
	مواسي				أبو الغنم	3500	700
	حويتلات				بني عبّاده		
	كرّاد				الصقر	3500	700
	زنغرية				غزاوية	500	100
	طويطات				عدوان	1000	200
	سمكية				بني صخر	500	100
	شعّار				بني هنانه	1750	350
	خوبار				سلوط	4000	800
طبريا	الهيب				حجايا		
	هبيج				مساعيد	250	50
	دلايكة				غوارنة	–	–
	سبشوش				جرامنة	1000	300
	صخورالغور				جوينات	2500	50
شفاعمرو	هناري				بني حميدة	150	30
	هوّارة					75	15
	حجيرات					75	15
	التركمان					1500	300
	غريفات						
المجموع	4000					1500	300

هذا وجاءت التقارير في السنوات (1299 - 1302)هـ (1881 - 1884)م متشابهة، بأسماء القبائل وعدد أفرادها.

بعد هذا الضبط الإداري، ظن العثمانيون أنه قد أصبح بإمكانهم ترحيل البدو وتوطينهم، لـذلك أعـدت سنة (1896) خطة بهذا الشأن تهدف إلى توطين البدو في الألوية السورية، ومن ضـمنها فلسـطين، وقـد أقاموا وحدات عسكرية في كل ولاية لمتابعة التنفيذ[68] ولكن، وبالرغم من كل ذلك، فشـلت المحـاولات جميعها، لأن السلطات لم تـتمكن مـن حمايـة القبائـل الصـغيرة التـي تجاوبـت مـع الخطـة، وأذعنـت للسلطات، من هجمات القبائل الكبيرة والقوية[69]. هذا بالإضافة إلى رفض البـدو أصـلاً لكـل محـاولات التوطين، والحكم المباشر من السلطة عليهم. وبادر شيوخ البدو لتوجيـه الانتقـادات اللاذعـة للسـلطات العثمانية وطرق إدارتها وتعاملها، فعلى سبيل المثال، قال الشيخ بشير (شيخ الغزاوية) في بيسان لباحثين عربيين (1913): ان السلطات العثمانية ترغم على الاستيطان وعدم التجوال وإنهـم يحـاولون تـوطينهم في بيوت وداخل قرى... وأضاف: ليأت البدو يطلبون من السلطات الكف عن محاولة تـوطينهم لانهـم سيعارضون ذلك وبكل قوة، لأنهم لا يستطيعون التخلي عـن نمـط حيـاتهم الحـر. وتجـوالهم وترحـالهم الحر في أحضان الطبيعة وتحت قبة السماء".. وأضاف: "لقد اعتادت عيوننـا أن تنظـر إلى وجـه السـماء الأزرق وتجول في أفق الأرض الواسعة، وأن سكنانا في البيوت الحجرية القروية سـيغير كـل ذلـك، الأمـر الذي لن يوافق عليه بدوي ممن ترون أمامكم[70].

2. أ.5. إنشاء مدينة بئر السبع من جديد (1900)

كانت بئر السبع حتى العام (1900) منطقة مهجورة تتبع لقضاء غزة، ومعظـم أراضـيها قاحلـة جـرداء، وسكانها من البدو الرحل، ولم يكن للعثمانيين تأثيراً يذكر عليهـا وقـد اكتفـى العثمانيـون مـن شـيوخها بأداء الضرائب المفروضة علـيهم، وهكـذا كانـت كـل قبيلـة فيهـا تشـعر باسـتقلاليتها الذاتيـة، وتمـارس سلطتها الذاتية في إدارة منطقة نفوذها (حمى العشيرة)، وكل حاكم في منطقة نفـوذ القبائـل، عليـه أن يؤدي

الضرائب (بدل الحماية والحراسة) وهكذا تصرفت القبائل باستقلالية إداريه وسياسية تامة، ومارسوا عادات السطو وخوض الحروب فيما بينهم دون تدخل يذكر من قبل السلطات العثمانية [(71)].

بقي الحال كذلك حتى سنة 1887. التي شهدت حربا بين العزازمة والطرابين حيث توجه العزازمة إثر هزيمتهم إلى السلطات العثمانية في القدس وغزة للتدخل من أجل حمايتهم من سطو الطرابين. ولم يكشف العزازمة بذلك، بل قاموا بإرسال وفد لتقديم الشكوى لدى السلطات المركزية في اسطنبول، وقد أثمرت هذه الجهود عن إصدار السلطات المركزية إلى المسؤولين في فلسطين، وخاصة حاكم القدس (رؤوف باشا) للتدخل لوضع حد للنزاع وسفك الدماء[(72)]، وكأن السلطات العثمانية كانت تنتظر فرصة لتبسط سلطانها على المنطقة، فقد كانت أنظارها قد بدأت تنصب عليها بعيد افتتاح قناة السويس (1869)، لذا.. سارعت في إصدار الأوامر لرجالاتها بالتحرك السريع والفعال، فسارع حاكم القدس بدوره بإرسال وحدات من الجيش بقيادة رستم باشا (1890) ليضرب بيد قوية كل أطراف النزاع، ولم تفلح كل وسائل التقرب والاعتذار وحتى الرشوة في ردعه فقد أصدر أوامره للقيادة بإلقاء القبض على شيوخ قبائل بطون الطرابين (أطراف النزاع)[(73)]. وبعد ذلك استغل العثمانيون الفرصة لبناء المنطقة وتنظيمها بشكل ونظام جديد. يمكنهم من بسط نفوذهم عليها[(74)].

عقب ذلك (1890) أصبحت المنطقة معسكرا لتواجد القوات العثمانية بشكل دائم مما مكن من قدرة العثمانيين على التحكم فيها، كما أنشأ العثمانيون (1894) منطقة عسكرية في موقع الجهير (15 كم غرب بئر السبع). بإدارة رستم باشا، وكان هذا هو المركز العسكري الأول في المنطقة (حامية) ليشكل قوة رادعة لموجهة البدو في حال حربهم[(75)].

في عام (1897) بادرت السلطات العثمانيـة لتنظيـف وتهيئـة بعـض الآبـار في المنطقـة، لتكـون صـالحة للشرب، وأقاموا عليها المضخات لتسهيل عمليات ضخ المياه، كما بادرت لبنـاء خـانٍ، احتكـره رجـل مـن غزة، ليقوم على خدمة زوار المنطقة[76]، وفي أعقاب ذلك، بادر يوناني من سـكان الـبلاد للتخطـيط لبنـاء مطحنة للقمح وفندقاً لخدمة العابرين في المنطقة، بعد استتباب الأمن والهدوء فيها[77].

وفي عام (1900) قررت السلطات العثمانية فصل لواء بئر السبع عن لواء عزة وجعله لواءً إدارياً مستقلاً (لواء بـئر السـبع)، وإلى جانـب ذلـك، صـدر القـرار بإنشـاء مدينـة بـئر السـبع كمركـز وعاصـمة للـواء الجديد[78].

لقد بدل السلطان عبد الحميد الثاني سياسة فرق تسـدد، بسياسـة البنـاء والعمـران وخاصـة في أطـراف الإمبراطورية[79]، وإقامة المراكز العسكرية على طول طرق الحج بحيث يبعد كل مركز عن سابقه مسيرة يوم واحد، وزود كل مركز ببئر ماء وسـور يحرسـها، وكـان الهـدف الأسـاسي منهـا، حمايـة الحجـيج مـن هجمات البدو ومن أهم هذه المراكز (القنيطرة، عنيزة، ومعان)[80].

وعند بناء بئر السبع أخذ بعين الاعتبار الأمور التالية :

1. وجود مصادر للمياه (الآبار).
2. وجود المنطقة (المدينة) في مركز، وتقاطع طرق يؤدي إلى جميع مواقع القبائل البدوية الكبيرة في المنطقة، حيث توزعوا: العزازمة جنوبا، والطرابين غربا والتياها شرقاً.
3. وقوع المنطقة على تقاطع طرق تجاريه هامة،

4. استخدم البدو المنطقة كمركز للتجمع في الأسواق الأسبوعية التجارية حتى قبل إنشاء المدينة فيه.

5. كون المنطقة منبسطة وملائمة للبناء.

6. بعدها الجغرافي عن غزة، وكونها ملازمة لتكون عاصمة للواء الجديد المزمع إنشاؤه ليكون منفصلا عن غزة [81].

كانت الخطوة الأولى لبناء المدينة (بئر السبع) هي شراء الحكومة العثمانية حوالي 2000 دونم من أرض العزازمة لمصلحة الدولة العثمانية[82]. قام بالتخطيط للمدينة مهندسان (ألماني وسويسري) ومهندسان عربيان[83]. هما سعيد أفندي النشاشيبي، وراغب أفندي النشاشيبي[84]. ليمزج بين التجربة الأوروبية والأصالة العربية المحلية.

وفي محاولة من قبل حاكم اللواء الجديد محمد جاد الله (1903) لإشراك البدو في بناء المدينة، بادر بإنشاء مجلسين، يعنى الأول بإدارة المدينة، وعين أعضاءه من شيوخ القبائل الخمس الكبرى في المنطقة، وجاء ترتيبهم كالتالي: (حمد الصوفي ممثلا عن الطرابين)، عودة أبو قبولة: ممثلا عن العزازمة، صالح أبو زكري: ممثلا عن الحناجرة ، حسين أبو عبدون، ممثلا عن التياها، وسلمان بن رفيع ممثلا عن الجبارات)[85].

وأما المجلس الثاني فكان مجلس إدارة اللواء، وكان التمثيل في على النحو التالي: - (محمد الصانع ممثلا عن القديرات: حرب الدقس: ممثلا عن الجبارات، مسلّم أبو سنان ممثلا عن العزازمة، حمدان أبو حجاج: ممثلا عن الحناجرة، وواكد الوحيدي ممثلا عن الطرابين)[86].

هذه المشاركة للبدو، شجعت القبائل على أخذ دورها في بناء المدينة، وتنظيم السلطات بمنح قطع أرض للبناء للبدو القادمين للاستيطان في بئر السبع ومجاناً[88]، بينما كان على الفلاحين وبقية القادمين للسكن في بئر السبع من رعايا الإمبراطورية عرباً وغير عرب، أن يدفعوا ثمن الأرض كاملاً.

وورد في صحيفة (الوحدة 1914)، أن الأرض بيعت للبدو بسعر ثمانية فرانكات للدونم الواحد. بينما بيعت لغير البدو، بسعر مائة فرنك للدونم الواحد[89].

كان الهدف من بناء بئر السبع جذب البدو للاستيطان فيها، وحملهم على اعتبارها مركزاً، وجعل طموح أحدهم يتجه نحو السكن فيها، لذا جعلت آية في الجمال والرونق وبني فيها مسجد ضخم وآية في الإتقان ومدرسة حكومية لأبناء الشيوخ، فكان هذان البناءان (المسجد والمدرسة) تحديداً عنصرا لجذب البدو.

كذلك بادر المسئولون بإحياء الحفلات والمناسبات المثيرة للإعجاب في كل مناسبة مقدسة عند البدو أو هامة، وحتى لمناسبات الزواج والطهور في بيوت الشيوخ، دعي المسئولون الشيوخ للاحتفال في بئر السبع وبولغ في إعداده مما جعل عددا كبيراً من البدو يرغبون في السكن فيها[90].

لم تتوفر إحصائية دقيقة عن عدد البدو الذين سكنوا في بئر السبع في بدايتها ولكن من الواضح أن عدداً كبيراً من الشيوخ والأعيان كان من بين سكانها الأوائل، وخاصة أصحاب العلاقة الحسنة مع السلطات، والذين كانوا يملكون رؤوس الأموال لتوظيفها في بناء المدينة، أما الفقراء والرعاة، فلم يكن لهم ما يفعلونه في المدينة، وبقوا في أماكن رعيهم ومصادر رزقهم، حيث أن المدينة الجديدة لم توفر لهم مصدر عمل ورزق بديل، ولم يكن البناء ونظام الحياة المدني يعني لهم شيئا دون مصدر رزقهم.

وهكذا سرعان ما تحولت بئر السبع إلى مركز وملتقى لمصالح البدو جميعاً، وخاصة السوق المركزي الأسبوعي، الذي شكل مصدر لاحتياجات وبضائع البدو، وجذب إليه تجارا من كل المناطق المحيطة.

وهكذا شكلت المدينة الجديدة مصدر جذب وانجذاب من نوع آخر بالنسبة للبدوي، وتغيير في نمطية حياته، وكسر لروتينيته، وسوقاً لبيع محاصيلهم وألبانهم وجلود مواشيهم. ومصنوعاتهم الخفيفة[91].

وعليه يمكن القول بأن بئر السبع قد حققت شيئا من أحلام السلطات العثمانية في السيطرة على المنطقة، وإحلال الهدوء في مناطق البدو.

2.ب. كسر شوكة البدو

باتت الأوضاع تتحسن وتتطور على مشارف نهايات القرن التاسع عشر وخاصة الوضع الأمني، وذلك بعض الإصلاحات التي أدخلت. فمشاكل البدو آخذت بالتراجع، وقوتهم آخذة بالتراخي، ويحل الهدوء التدريجي على حياتهم، كتب ي.م. بينس (1882) يقول: "لم يبق لصوص ولا قطاع طرق عبر جبال القدس غرباً، وكذلك حتى في أحضان الجبال ساد الأمن والسلام"[92].

وصورة آخرى معبرة عن كسر شوكة البدو نلمسها في وصف لورنس ألفنت (1883) يصف الوضع في مرج أبن عامر على أثر الإصلاحات الأخيرة: جاء فيه إن الأراضي في مرج إبن عامر باتت تفلح بشكل رائع وقد بات الأمن في المنطقة جيداً وملموساً، وقد توقف البدو عن هجماتهم، ولم يتوقف الأمر عند ذلك، بل أصبح البدو يدفعون للفلاحين مقابل رعيهم في أراضيهم، والمعارض يطرد بقسوة [92].

وفقاً لهذا الوصف، فإن الفلاحين باتوا في أمان بفضل كسر شوكة البدو التي أدت إلى سلام وأمن ألقى بظلاله على كل مناطق المرج ليتحول إلى واحة خضراء تدر غلالاً وافرة [93].

كما أورد (حايم حيسين) شهادة مماثلة مبينا أن السلطات العثمانية بقيت عاجزة عن ترصين البدو حتى الآونة الأخيرة، وتركتهم يعيثون فساداً في البلاد، وليس فقط في المناطق الحدودية، وإنما ليصلوا إلى القدس والمدن الكبرى، أما الآن فإن قوة السلطات تتعزز، وقبضتها تشتد، لتردع البدو وتخضعهم للقانون تدريجياً، وقد باتت السلطات تجبي الضرائب من البدو، وحتى من القبائل الكبيرة المتمردة، وتجبرهم على الخضوع لسلطة القانون[94].

كما أشار مناحم أوسشكن (1891) إلى أن الأمان على الطرق قد تحسن، وزال الخطر فيها حتى في ساعات الليل الحالكة الظلام[95].

كما عبر بالدنسبرغر عام 1922 عن تحول البدو إلى مواطنين غير خطرين، وأنهم توقفوا عن حملات السطو والنهب على القرى كما كانوا يفعلون قبل خمسين سنة مضت في جميع مناطق القدس وما حولها، كما توقفوا عن الخلافات فيما بينهم، والحروب مع العساكر العثمانية، ويضيف: بأنه حتى أقوى القبائل البدوية (التعامرة) قد تلقت ضربة موجعة من السلطات، تمثلت بأسر مجموعة من وجهائها عام (1865) بعد هزيمتهم على يد حاكم القدس قرب بيت لحم، وبات التعامرة أقل خطراً بكثير من ذي قبل، وباتوا ينشغلون بالبحث عن مصدر رزق بديل للنهب والسطو، ومعظمهم قد توجه للزراعة والرعي، وباتوا معروفين لرواد سوق القدس كباعة للفواكه بأسعار زهيدة[96].

من هذه الشهادات نلمس إجماعا على تحسن الوضع الاجتماعي في البلاد عامة وعلى ترصين البدو في كل المناطق، وكسر شوكتهم، وبداية عهد يتمثل بسلطة مركزية قوية بدأت تسيطر على الأمور تدريجياً.

لم يتوقف حنين البدوي إلى حياته الأولى، رغم بداية انضباطه، وإعلان ولائه للقانون، ولم يتخل نهائيا عن تراثه وتقاليده، إلى هذا يشير الباحثان (بهجت والتميمي)(1913) بأن بدو الحولة وسهل بيسان مازالوا يحنون لحياة الماضي، للترحال والتنقل.[(97)].

تقدم آخر وتوجه آخر ساهم في استتباب الأمن وتولد الثقة بين البدو والسلطات: أن السلطات العثمانية لم تعد تلجأ إلى القوة العسكرية لفض النزاعات بين قبائل البدو، بل أصبحت تلجأ إلى أسلوب ونهج الصلحة المقبول على البدو، بدعوة زعماء القبائل المتنازعة و الحكم بينهم، كما فعل رستم باشا (1890)عندما دعا إليه شيوخ (الطرابين) عقب صدام حدث بينهم وبين العزازمة ليفرض عليهم الغرامة التي ارتآها[(98)].

وهكذا نجد أن ترصين البدو أوقف حملات السطو والنهب، كما أوقف تعسف البدو في المنطقة، وألغى عمولات الحماية والإتاوة التي كان يتقاضاها البدو من الفلاحين[(99)]، ليس هذا فحسب، بل أن السلطات العثمانية قد فرضت ضرائب على البدو دون الفلاحين، ومن بينهم قبائل الرشايدة[(100)] والتعامرة مطلع القرن العشرين حيث فرضت السلطات ضرائب على محاصيلهم الزراعية[(101)].

وكذلك أرغم عرب الطرابين على دفع الضرائب للدولة (1887) فقد كان مندوب الضرائب يأتي في موسم الحصاد ليجمع الضرائب العينية من الغلال[(102)].

كما فرضت ضريبة الخمس على بدو بيسان، وحسب تقديرات مقدري الغلال المعينين من قبل السلطة وكما أشار (بهجت والتميمي) فقد لحق الغبن أحياناً أصحاب الأراضي، وحتى أن الأمير يوسف شيخ قبيلة الصقور، زعم وبحدة، بأن الضرائب التي فرضت عليه أتت على كل محصوله، بل وتركته تحت طائلة الدين والفاقة، وكذلك زعم أخوه الشيخ (مطلق). ويضيف (بهجت والتميمي) أنهما شهدا مواقف ظلم كهذه من قبل موظفي الدولة، حين تعرضت وحدة جيش للبدو من قبيلة الصقور [103].

عند زيارة باحثين لمضارب عشيرة الغزاوية، تذمر لهم الشيخ بشير، شيخ العشيرة، من سياسة الدولة تجاههم. ان الموظفين العثمانيين عاملو أبناء العشيرة بقسوة وقال بان رئيس القبيلة الذي كان يقود 3000 او 4000 رجل, اليوم اصغر الموظفين يهينه [104].

مصادر الفصل التاسع

1. F.O.195/1153, Moore to Layard, Jerusalem, 26 May 1877.

2. F.O. 195/1153, Moore to Jocelyn, Jerusalem, 15, March 1877.

3. كوندر، 2، ص 122 .

4. P.E.F., 1878, P. 11.

5. نفس المصدر، ص 36 .

6. P.E.F., 1877, p. 176.

7. Finn, J. , Byeways in Palestine, (London, 1877), P. 212.

8. نفس المصدر، ص 113، فين لم يذكر اسم القرية.

9. كوندر 2، ص 171.

10. تاريخ بئر السبع وقبائلها، ص ص: 190-193؛ كوندر 2،
ص ص: 171-172.

11. P.E.F., 1890 , P . 227.

12. أساف، ميخائيل. تاريخ يقظة العرب في فلسطين وهروبهم (تل- أبيب، 1976)، ص 21
(فيما بعد:، أساف، يقظة).

13. F.O.195/1153, Moore to Jocelyn, 28, April 1877, and Moore to Layard, 21, June 1877.

14. اساف، يقظة، ص 21 .

15. اسكنازي، طوبيا. بيوت الشعر من اليركون وحتى الكرمل، (لندن- القدس، 1932)، ص 19
(فيما بعد: اشكنازي، بيوت الشعر).

16. كتاب اليوبيل لبلوغ خمسين سنة على تأسيس بيتح-تكفا (تل-أبيب، 1929)، ص ص: 23-24 (فيما بعد: كتاب بيتح- تكفا).

17. اشكنازي، بيوت الشعر، ص ص: 19-20 .

18. كتاب بيتح تكفا، ص 24 ؛ اساف، يقظة، ص 21 .

19. Bovet, F., Egypt, Palestine and Phoenicia, (New-York, 1883), p. 132.

20. شقير، نعوم. تاريخ سيناء القديم والحديث وجغرافيتها، (مصر، 1916)، ص 587 (فيما بعد: شقير)؛ تاريخ بئر السبع وقبائلها، ص ص: 190-192.

21. P.E.F., P. 227

22. تاريخ بئر السبع وقبائلها، ص ص: 194-196 .

23. شقير، ص ص: 578-579.

24. عبد العزيز، الإدارة العثمانية، ص ص 229-235؛ جرانوفسكي، ص ص: 68-69.

25. جرانوفسكي، ص 71 .

26. نفس المصدر، ص ص: 50-51.

27. كان على صاحب الأرض أن يدفع 5% من قيمة الأرض للسلطات مقابل التسجيل، كما كان عليه أن يدفع ثلاثة قروش عثمانية ثمن الطابع الموضوع على الطابو. أنظر: عبد العزيز، الإدارة العثمانية، ص 234.

28. مذكرات داوود، م. شوب، 1884-1887، بداخل: يعاري، إبراهيم. مذكرات أرض إسرائيل (رمات غان، 1974)، ص ص: 336-337 (فيما بعد: مذكرات أرض إسرائيل).

29. تاريخ بئر السبع وقبائلها، ص ص 194-196 .

30. جرانوفسكي، ص 90 .

31. من مذكرات يهوشع يلين عام 1872، " المحادثات لشراء أراضي أريحا " بداخل : مذكرات أرض إسرائيل، ص ص: 198 - 208 .

32. العارف ، عارف، القضاء بين البدو، (القدس، 1933) ص ص: 235-236 .

33. جرانوفسكي، ص ص 71-79، أبنري، ل. أريبه. الاستيطان اليهود وفكرة الاستيلاء، (الكيبوتس الموحد، 1980)، ص 58 (فيما بعد: ابنيري).

34. أوليفانت، لورينس. حيفا- مقالات من فلسطين 1882-1885، (القدس، 1976)، ص 26 (فيما بعد: أوليفانت حيفا).

35. فايتس، يوسف. استيطاننا بفترة عاصفة، (مكتبة العمال، 1947)، ص 109 .

36. جرانوفسكي، ص ص: 75-77. لربما بسبب أن عائلة الشيوخ هذه كونها تمثل أكبر عشيرة في المنطقة، أعطيت لها الأراضي من قبل الحكم العثماني هبة، وذلك على أمل بأن هؤلاء الشيوخ يعملون على كبح جماح العشائر البدوية في هذه المنطقة، غير ذلك من الصعب تفسير وجود عشرات الألوف من الدنمات ملكا لهذه العائلة البدوية .

37. بن غوريون، دافيد ويسحق بن تسفي. أرض إسرائيل في الماضي والحاضر، (القدس، 1980)، ص ص: 135-136 (فيما بعد: بن غوريون وبن تسفي)؛ القاسمي، محمد سعيد. قاموس الصناعات الشامية، (باريس، 1960)، ج1، ص ص: 106-107.

38. Gibb, H.A.R., and H. Bowen, Islamic Society and the West, Vol. I, Part I, (London, 1950), p. 267.

39. غرايبة، عبد الكريم. سوريا في القرن التاسع عشر 1840-1876، (القاهرة، 1962)، ص 154.

40. عبد العزيز، الإدارة العثمانية، ص: 270-271 .

41. ايلان ، تسفي، محاولات لشراء أراضي واستيطان يهودي في شرقي الأردن 1871-1947، رسالة دكتوراة، (جامعة بار ايلان، 1981)، ص 33 (فيما بعد: ايلان).

42. إيلان، الياهو. بريطانيا وطرقها إلى الهند، (القدس، 1971)، ص 173.

43. نفس المصدر، ص ص: 55-59؛ بن غوريون وبن تسفي، ص ص: 137-138؛ اساف، اليقظة، ص 21.

44. عبد العزيز، الإدارة العثمانية، ص 271.

45. نفس المصدر، ص 272 .

46. نفس المصدر، ص 271 ؛ أنظر أيضا: بن غوريون وبن تسفي، ص 88 .

47. بن أرييه، ص 175-176 .

48. لونتس، ابراهم موشيه. (محرر). ألواح أرض إسرائيل، (القدس، لوح 1903)، ص 25 .

49. هحفتسيلت (جريدة مقدسية)، 18 شباط 1885 .

50. أساف، اليقظة، ص 21 .

51. نفس المصدر .

52. عبـــد العزيـــز، الإدارة العثمانيـــة، ص ص: 275-276؛ بـــن غوريـــون وبـــن تســـفي، ص ص:136-137 .

53. بن غوريون وبن تسفي، ص ص: 137-138 .

54. عبد العزيز، الإدارة العثمانية، ص 281 .

55. خطط الشام، ج5، ص ص: 189-195 .

56. بن غوريون وبن تسفي، ص 138.

57. عبد العزيز، الإدارة العثمانية، ص 284 .

58. بن غوريون وبن تسفي، ص 138 .

59. نفس المصدر.

60. كتاب تاريخ الهجناة، ج2، ص 218؛ هـداني، عبـر. الاسـتيطان في الجليـل الأسـفل : 50 سـنة لبدايتها، (تل-أبيب، 1967)، ص 37.

61. شمعوني، يعقوب. عرب أرض إسرائيل، (عم عوبيد، 1947)، ص 102 (فيما بعد: شمعوني)؛ شتاندل، أوري. الشراكة في إسرائيل، (تل- أبيب 1973)، ص ص 20-21 .

62. شمعوني، ص 102 .

63 . ايلان، ص 42 .

64. Planhol, de, "Geography Politics and Nomadism in Anatolia", International Social Science Journal, XI, No. 4, 1959, pp: 527-531.

65. بالمر، ص 298 .

66. Sachau, E., <u>Reise in Syrien Und Mesopotamien</u>, (leipzig, 1883), p. 264.

67. <u>Salname-I Wilayet-I Suriye</u> , Years 1299 – 1302 H (1881-1885)

القائمة مأخوذة من الكتاب السنوي لولاية سوريا (سلنامة ولاية سوريا،1302 هجري) لعام

1884، ص ص: 229-230 .

68. عبد العزيز، <u>تاريخ فلسطين</u>، ص 111 .

69. نفس المصدر .

70. رفيق، محمد ومحمد بهجت. <u>ولاية بيروت- القسم الجنوبي</u>، (بيروت، 1917)،

ص ص: 397- 399 (فيما بعد: ولاية بيروت).

71. <u>تاريخ بئر السبع وقبائلها</u>، ص ص 243-244 .

72. برسلفسكي، يوسف. <u>أهل عرفت البلاد</u>، القسم الثاني، (الكيبوتس الموحد، 1947)، ص 49

(فيما بعد: برسلفسكي).

73. <u>تاريخ بئر السبع وقبائلها</u>، ص 192.

74. نفس المصدر، ص 244 .

75. نفس المصدر، ص ص: 192-193، 244 .

76. بن أرييه، ي. وسبير، ش. "بداية بئر السبع في نهاية الفترة العثمانية"، بداخل: جروس، ي. أ.

شطيرن. (محرران). <u>كتاب بئر السبع</u>، (القدس، 1979)،

ص ص: 56-57 (فيما بعد: بن أرييه وسبير).

77. برسلفسكي، ص 236 .

78. تاريخ بئر السبع وقبائلها، ص 244 .

79. بن أرييه وسبير، ص 62.

80. العبادي، أحمد عويدي. القضاء عند العشائر الأردنية، (جامعة كامبروج، 1988)، ص 418 .

81. طال، هيلا. تخطيط وتطور بئر السبع بين السنوات 1900-1965، رسالة ماجستير، الجامعة العبرية، (القدس، 1978)، ص ص: 15-17 (فيما بعد: طال).

82. تاريخ بئر السبع وقبائلها، ص 245؛ عن تخطيط المدينة، أنظر بتوسع عند طال،ص ص: 18-48

83. طال، ص ص: 20-21 .

84. تاريخ بئر السبع وقبائلها، ص 245 .

85. نفس المصدر .

86. نفس المصدر .

87. وذلك لأن البدو شكلوا الأكثرية السكانية في هذا الإقليم، وسكن في هذا الإقليم عرب مدنيون ويهود. عن سكان المنطقة؛ أنظر بتوسع: طال، ص ص: 49-72

88. طال، ص ص: 31-32 .

89. ارض صهيون أورشليم، ص ص: 173-174 .

90. طال، ص ص: 32، 39 .

91. نفس المصدر، ص ص: 47-48 .

92. كتاب تاريخ الهجناة، ج1 ، ص 62 .

93. اوليفانت، حيفا، ص 35 .

94. حيسين، حايم. رحلة في الأرض الموعودة، (تل- أبيب،1982)، ص 49.

95. كتاب تاريخ الهجناة، ج1، ص 62 .

66. P.E.F., 1922, PP: 65-66.

97. ولاية بيروت، ص ص: 396-397 .

98. تاريخ بئر السبع وقبائلها، ص ص 188 , 192 .

99. خطط الشام، ج5، ص 90 .

100. أرشيف دولة إسرائيل، بروتوكولات سنجق القدس، ملف رقم 453/1329 .

101. نفس المصدر، ملف رقم 340/1322 .

102. P.E.F., 1887, pp. 39, 41.

103. ولاية بيروت، ص ص: 396-397 .

104 . نفس المصدر، ص 99 .

الخلاصة

إن القبائل البدوية تعد البارومير الذي بواسطته يمكن فحص قوة الحكم العثماني في الفترات المختلفة، فإن ازدياد قوة البدو معناه ضعف الحكم المركزي للدولة العثمانية، وانعدام الأمن، وسيادة الفوضى في المناطق المختلفة، ووقوع السكان المحليين تحت رحمة هذه القبائل. لقد وصلت الدولة العثمانية إلى ذروة قوتها، داخلياً وخارجياً في القرن السادس عشر، وخاصة في فترة السلطان العثماني سليمان القانوني (1520-1566). ومنذ وفاة السلطان سليمان، بدت بوضوح أمارات تراجعها العسكري والجغرافي أمام أعداء الدولة العثمانية في أوروبا وفي آسيا.

إن بلاد الشام (سوريا، لبنان، وفلسطين) والتي كانت جزءاً من الإمبراطورية في هذه الحقبة؛ لم تكن سيطرة الدولة العثمانية عليها إلا اسمياً فقط. إن هذه الأقطار والتي كانت مقسمة إلى ولايات أخذت القبائل البدوية فيها تتحدى سلطة الوالي نفسه، وإن قسماً منهم هدد السلطة المركزية أيضا، أمثال: ظاهر العمر الزيداني في القرن الثامن عشر. كما أنهم هددوا المسافرين، وسطوا على القوافل. كما أن هذه القبائل غارت على المدن ونهبتها. وقد كانت هذه الظاهرة أكثر وضوحاً في فلسطين، التي كانت مقسمة إلى وحدتين إداريتين أساسيتين هما: ولاية صيدا؛ والتي امتدت من شمال بيروت وحتى شمال حيفا، وولاية دمشق؛ والتي ضمت المناطق الجنوبية: عجلون، اللجون، نابلس، القدس، الرملة وغزة. أما الحد الفاصل بين الولايتين؛ فكان خطاً يمتد من جنوب بحيرة طبريا إلى جنوب خليج عكا.

إن الوالي العثماني لم يكتف بعدم التدخل في شؤون البدو، بل كثيراً ما كان مضطراً إلى طلب المساعدة العسكرية منهم. لقد تعرض العثمانيين منذ نهاية القرن السادس

عشر إلى خطر تمرد البدو وتعدياتهم على المناطق المأهولة والطرق الرئيسية، وطريق الحج الشامي الذي ربط دمشق بالحجاز. لقد انتشرت الفوضى، ففي البلاد ازدادت اعتداءات البدو على ألقوافل التجارية على الحجاج وعلى المناطق الريفية المأهولة.

لقد ساعد البدو على هذه التعديات؛ استعمالهم للأسلحة النارية والتي وصلت إليهم بطريقتين: **الأولى:** عن طريق التجار الأوروبيين. **والثانية:** عن طريق القادة والجنود العثمانيين الذين سرقوا الأسلحة من المخازن العثمانية وباعوها للبدو. إن هذا التطور أفقد رجال الدولة تفوقهم، مما أضعف إمكانيات الولاة المحليين في معالجة المشكلة البدوية ونجاعته. وكانت النتيجة ظهور زعامات بدوية في فلسطين أمثال آل طرباي في القرن السابع عشر، الزيادنة في القرن الثامن عشر، وعقيل آغا الحاسي في القرن التاسع عسر.

لقد حاولت السلطات القضاء على الزعامات البدوية، ولكن في أغلب الأحيان باءت هذه المحاولات بالفشل ما عدا فترة حكم الوالي العثماني أحمد باشا الجزار (1775-1804) والذي عمل على كبح جماح البدو، حيث أراد محاربة تسرب البدو من الأردن وبادية الشام إلى شمال فلسطين، فقام بتحصين الطرق الرئيسية ونقاط العبور الرئيسية والحيوية التي اعتاد البدو أن يسلكوها؛ وخاصة شمال وجنوب بحيرة طبريا، وركز فيها حاميات من الفرسان لتنجيع المهمة، مما حسن الوضع الأمني، ومكن الفلاحين من ممارسة أعمالهم بلا خوف. أما بالنسبة للبدو المتواجدين داخل فلسطين؛ فإنه لم يتردد من ضرب القبائل المتمردة بيد من حديد.

أما الفترة الثانية: فكانت فترة الحكم المصري في فلسطين (1831-1840). حيث تميزت هذه الحقبة في فلسطين بالتدابير الأمنية المشددة بشكل دائم بهدف ضبط الأمن وفرض السلطة. إن الحكم المصري اتبع سياسة استخدام القوة، حيث أنهم

وكما عمل الجزار؛ لم يترددوا باستخدام القوة ضد القبائل المتمردة، كما أنهم أقاموا نقاط تفتيش على الطرق الرئيسية بهدف منع البدو من التعرض بالأذى للعابرين، كما أن المصريين عملوا على نزع السلاح من القبائل البدوية.

في النصف الثاني من القرن التاسع عشر؛ وعلى الرغم من أعمال الشغب التي ذكرت آنفاً، إلا أن الصورة العامة في البلاد اتسمت باستتباب الأمن نسبياً كنتيجة لإتباع سياسة القوة من قبل السلطات العثمانية لكبح جماح البدو وضبط تحركاته والحد من مخالفاتهم. هذه الإصلاحات التي بدأها العثمانيون في البلاد منذ أواسط القرن التاسع عشر، والتي من أهم أهدافها: إجراء إصلاحات جذرية في مؤسسات الحكم والإدارة، أثمرت في جعل الأوضاع تتحسن على مشارف نهايات القرن التاسع عشر، وخاصة الوضع الأمني، وذلك بعد الإصلاحات التي أدخلت. فمشاكل البدو أخذت بالتراجع، وقوتهم أخذت بالتراخي، وتوقف البدو عن هجماتهم تقريبا.

ومـن شـهادات الرحالـة الـذين زاروا فلسطين في هـذه الحقبـة؛ نلمـس إجماعـاً عـلى تحسـن الوضـع الاجتماعي في البلاد عامة، وعلى ترصين البدو في كل المناطق وكسر شوكتهم، وبداية عهد يتمثل بسلطة مركزية قوية بدأت تسيطر على الأمور تدريجياً، ولكن لم يتوقف حنين البدوي إلى حياته الأولى كليا، رغم انضباطه وإعلان ولائه للقانون، ولم يتخل عن تراثه وتقاليده.

المصادر

1. الأرشيف

- الأرشيف الصهيوني ألمركزي، القدس، ملفات مختلفة.

- أرشيف دولة إسرائيل، ملفات مختلفة.

- الأرشيف الملكي ألبريطاني في لندن - ملفات مختلفة خاصة ملفات أرشيف وزارة ألخارجية

2. كتب ومقالات

أ. الكتب بالعربية :

- ابن زنبل، رمال. تاريخ السلطان سليم، القاهرة، 1278 هـ (1862م).

- أبو عز الدين سليمان. إبراهيم باشا في سوريا، بيروت، 1929.

- البرغوثي، عمر صالح. وخليل، طوطح. تاريخ فلسطين، القدس، 1923.

- جبور، جبرائيل سليمان. البدو والبادية – صور من حياة البدو في بادية الشام، بيروت، 1988.

- حيدر، أحمد شهاب. لبنان في عهد الأمراء الشهابيين، بيروت، 1933.

- الخازن، فريد وفليب. مجموعة المحررات السياسية والمفاوضات الدولية عـن سـوريا ولبنـان، ج3، جونية، 1911.

- الخالدي، أحمد. لبنان في عهد فخر الدين المعني الثاني، بيروت، 1963.

- دباغ، مراد مصطفى. بلادنا فلسطين، 11، جزء ا، ط4، بيروت، 1988.

- دروزة، محمد عزة. العرب والعروبة في حقبة التقلب التركي في القرن الثالث إلى القرن الرابع عشر هجري في سوريا الوسطى، قسم 4، ط2، صيدا، 1981.

- الراميني، أكرم. نابلس في القرن التاسع عشر، عمان، 1979 .

- رستم، أسد. المحفوظات الملكية المصرية، 4 أجزاء، ط2، لبنان، 1987.

- رفيق، محمد ومحمد بهجت. ولاية بيروت- القسم الجنوبي، بيروت، 1916.

- سويد، ياسين. التاريخ العسكري للمقاطعات اللبنانية في عهد الإمارتين-الإمارة المعنية، 1516-1697، ج1، بيروت، 1980.

- الشدياق، طنوس يوسف. أخبار الأعيان في جبل لبنان . ج1، بيروت، 1954.

- شقير، نعوم. تاريخ سيناء القديم والحديث وجغرافيتها، مصر، 1916 .

- الشهابي، حيدر. تاريخ احمد باشا الجزار، بيروت، 1955 .

- شولش، الكزندر. تحولات جذرية في فلسطين 1856-1882، (ترجمه من الألمانية: كمال جميل العسلي)، الأردن، 1990.

- الصباغ، ميخائيل نقولا. تاريخ الشيخ ظاهر العمر الزيداني حاكم عكا وبلاد صفد، حريصا، 1927 .

- العارف، عارف. تاريخ بئر السبع وقبائلها، القدس، 1934.

- العارف، عارف. تاريخ غزة، القدس، 1943.

- العارف، عارف. القضاء بين البدو، القدس، 1933.

- عبادي، أحمد عويدي. القضاء عند العشائر الأردنية، جامعة كامبرج، 1988 .

- عبد العزيز، محمد عوض. الإدارة العثمانية في ولاية سوريا 1864-1914، مصر، 1969 .

- عبد العزيز، محمد عوض. مقدمة في تاريخ فلسطين الحديث (1831-1914)، بيروت، 1983.

- عبد المنصف، محمود. إبراهيم الفاتح، القاهرة، 1948.

- عزباوي، عبد الله محمد. البدو ودورهم في الثورة العرابية، القاهرة، 1986 .

- العسلي، كمال جميل. وثائق مقدسة تاريخية ، 4 أجزاء، عمان، 1989 .

- علماء الحملة الفرنسية – وصف مصر 4 أجزاء، (ترجمة زهير الشايب)، القاهرة، 1978.

- العورة، إبراهيم. تاريخ ولاية سليمان باشا العادل، دير المخلص، لبنان، 1936.

- غرابية، عبد الكريم. سوريا في القرن التاسع عشر (1840-1876)، القاهرة ، 1962.

- فيل، فريدريك. تاريخ شرقي الأردن وقبائلها، (ترجمة من الانجليزية). بهاء الدين طوقان، القدس، 1935.

- القاسمي، محمد سعيد. قاموس الصناعات الشامية، جزء 1، باريس، 1960.

- قرألي، بولس. فتوحات إبراهيم باشا المصري في فلسطين ولبنان وسوريا، حريصا، 1937.

- كرد، علي محمد. خطط الشام، ستة أجزاء، دمشق، 1925-1927، 1928.

- كناعنة، محمود عبد القادر. تاريخ الناصرة، الناصرة، 1964.

- المبيض، سليمان عرفات. غزة وقطاعها – دراسة في خلود المكان وحضارة السكان من العصر ـ الحجري الحديث حتى الحرب العالمية الأولى، غزة، 1987 .

- المحبي، محمد. خلاصة الأثر في أعيان القرن الحادي عشر، القاهرة، 1284هـ (1867).

- مشاقة، ميخائيل. مشهد الأعيان بكوارث سوريا ولبنان ، مصرن 1908 .

- معمر، توفيق. ظاهر العمر، ط2، الناصرة، 1990.

- مناع، عادل. "حكم آل فروخ في القدس وعلاقتهم مع البدو"، بداخل: كوهين، أمنون (محرر). القدس دراسات في تاريخ المدينة، القدس، 1990.

- منصور، أسعد. تاريخ الناصرة، مصر، 1924 .

- النمر، إحسان. تاريخ جبل نابلس والبلقاء، ج1، دمشق 1938، ج2، نابلس 1961.

ب. مصادر بالعبرية:

- أبنيري، ل. أرييه. الاستيطان اليهودي وادعاء الاستيلاء 1878-1948، الكيبوتس الموحد، 1980.

- أساف، ميخائيل. العرب إبان حكم الصليبيين، المماليك والأتراك، موساد بيالك، 1941.

- أساف، ميخائيل. تاريخ يقظة العرب في أرض إسرائيل وهروبهم، تل-أبيب، 1967.

- اشكنازي، طوبيا. بيوت الشَّعَر من اليركون وإلى الكرمل، لندن-القدس، 1932 .

- إلياهو، إيلان. بريطانيا وطرقها إلى الهند، القدس، 1971 .

- أوليفانت، لورينس. حيفا - مقالات من أرض إسرائيل 1882-1948، القدس، 1976.
- إيلان، تسفي. محاولات لشراء الأراضي والاستيطان اليهودي في شرقي الأردن 1871-1948، رسالة دكتوراة، جامعة بار ايلان، 1981.
- برسلفسكي، يوسف. هل عرفت الأرض، القسم الثاني، الكيبوتس الموحد، 1947.
- بن أرييه، يهوشع. أرض إسرائيل في القرن التاسع عشر، اكتشافها من جديد، القدس، 1970 .
- بن أرييه، يهوشع، ش. سبير. "بداية بئر السبع في أواخر العهد العثماني"، بداخل: جردوس، ي. وشطيرن، أ. (محرران). كتاب بئر السبع، القدس، 1979.
- بن تسفي، يتسحق. أرض إسرائيل وسكانها إبان الحكم العثماني، القدس، 1962 .
- بن غوريون، دافيد ويتسحق بن تسفي. أرض إسرائيل في الماضي والحاضر، القدس 1980 .
- تريسترام، هـ .ب.. رحلة في أرض إسرائيل، موساد بيالك، 1975.
- جرنوفسكي، إبراهم. نظام الأراضي في أرض إسرائيل، تل-أبيب ، 1949 .
- حيسين، حاييم. رحلة في الأرض الموعودة، تل-أبيب، 1982.
- دينور، بن تسيون. (محرر). كتاب تاريخ الهجناة، ط5، معرخوت، 1965.
- رفائيليفتش، شموئيل. حروب الفلاحين في أرض إسرائيل في آخر مائتا سنة، القدس، 1910.

- سواعد، محمد. "حكم الشيوخ في شمال فلسطين العثمانية"، أبحاث بدوية، مجلة رقم 27، 1995.
- سواعد، محمد. البدو في فلسطين: 1804- 1908، رسالة ماجستير، جامعة بار ايلان، 1992.
- شارون، موشية. البدو في أرض إسرائيل منذ بداية القرن الثامن عشر وحتى انتهاء حرب القرم، رسالة ماجستير، الجامعة العبرية، القدس، 1964.
- شارون، موشيه. "البدو وفلسطين تحت حكم الإسلام"، بداخل: زوهر، ع. الصحراء، تل- أبيب، 1977.
- شبا، ش. ودان بن أموتس. أرض صهيون – أورشليم، القدس، 1973.
- شطاندل، أوري. الشراكة في إسرائيل، تل-أبيب، 1973.
- شمعوني، يعقوب. عرب أرض إسرائيل، عام عوفيد، 1947 .
- شموئيلي، أفشلوم. استيطان البدو الرحل في منطقة القدس في القرن العشرين، رسالة دكتوراة، الجامعة العبرية، القدس، 1973.
- شمير، شمعون. تاريخ العرب في ألشرق الأوسط في العصر الحديث، تل- أبيب، 1974.
- صالح، شكيب. تاريخ الدروز، بار ايلان، رمات غان، 1989.
- طال، هيلاهك. تخطيط وتطور مدينة بئر السبع 1900-1965، رسالة ماجستير، الجامعة العبرية، القدس، 1978.
- فايتس، يوسف. استيطاننا بفترة عاصفة، سفريات هبوعليم، 1974.
- فيلنئي، زئيف. تاريخ العرب والإسلام في ارض إسرائيل، الكتاب الثاني، تل-أبيب، 1932.

- فين، جيمس. أوقات عاصفة، أوراق من دفاتر القنصلية البريطانية في القدس 1853-1856، القدس، 1980.
- كتاب اليوبيل لبلوغ خمسين سنة لتأسيس مستوطنة بيتح تكفا، تل-أبيب،1929.
- كوهين، أمنون. (محرر). تاريخ أرض إسرائيل – الحكم المملوكي والعثماني 1260-1804، القدس، 1981 .
- كوهين، أمنون، أرض إسرائيل في القرن الثامن عشر- أنماط السلطة والإدارة، رسالة دكتوراة، الجامعة العبرية، القدس، 1969.
- لونتس، أبراهم موشيه. (محرر). ألواح أرض إسرائيل، القدس، سنوات مختلفة.
- معوز، موشيه. (محرر). أرض إسرائيل في فترة الحكم العثماني – محاضرات أورييل هيد، القدس، 1976
- هداني، عيبر. الاستيطان في الجليل، خمسون سنة على بدايتها، تل-أبيب، 1959.
- هيد، اورييل. ظاهر العمر حاكم الجليل في القرن الثامن عشر- تاريخه وأعماله، القدس، 1942.
- يسحاقي، ارييه. "القبائل البدوية على سفوح جبل الطابور"، كردوم 4، مجلة رقم 20، 1982 .
- يعاري، أبراهم. مذكرات أرض إسرائيل، رمات غان، 1974.

ج. مصادر بالغة ألإنجليزية، ألفرنسية والألمانية

- Abir, Mordechai, "Local Leadership and Early Reform in Palestine 1800-1834", In: Maoz, M., Studies on Palestine During ottoman period, Jerusalem, 1975.

- Ashkenazi, T., Tribes Semi-Nomads de La Palestine Du Nord, Paris, 1938.

- Baily, C. "The Negev in the Nineteenth Century Reconstructing From Bedouins Oral Traditions", Asian and African Studies, March 1980.

- Bovet, F., Egypt, Palestine and Phoenicia, New York, 1883.

- Brener, F., Travels in the Holy Land, London, 1864.

- Brown, J.R., Yusef or the Journey of Franqi Harper and Brothers, New-York, 1858.

- Buckingham, J.L., Travels in Palestine, London, 1816.

- Burckhardt, J.L., Notes on the Bedouins and Wahabys, Collected During his Travels in the East, London, 1831.

- Burckhardt, J.L., Travels in Syria and the Holy Land, Londo1822.

- Clarke, E.D., Travels in Various Countries of Europe, Asia and Africa, London, 1812.

- Conder, C.R., <u>Tent Work in Palestine</u>, 2, Vols., London, 1879.

- Dixton, W.H., <u>The Holy Land</u>, London, 1868.

- Finn, J, <u>Byeways in Palestine</u>, London, 1877.

- Gibb, H.A.R. and H. B, Owen, <u>Islamic Society and the West</u>, Vol. 1. London, 1950.

- Hardy, Gaston Le, <u>Histoiri de Nazareth et des Ses Sanctuaires</u>, Paris, 1905.

- HEYD, U., <u>Ottoman Documents on Palestine 1552-1615</u>, Oxford, 1960.

- Lynch, W. F., <u>Narrative of the United States Expedition to the River Jordan and the Dead Sea</u>, London, 1855.

- Mandel, N.J., "Ottoman policy and Restrictions on Jewish Settlement in Palestine 1881-1908", <u>Middle East Studies</u>, X, 3, 1974.

- Mandel, N.J., <u>The Arabs and the Zionism before World War 1</u> University of California press, 1976.

- Maoz, M., <u>Ottoman Reform in Syria and Palestine 1840-1861</u>, Oxford, 1968.

- Millard, D., <u>A Journal of Travels in Egypt, Arabia petraea and Holy land</u>, New- York, 1953.

- Murray, G. W., <u>Sons of Ishmael: A Study of Egyptian Bedouin</u> London, 1935.

- Olin, S., <u>Travels in Egypt, Arabia petraea and the Holy land</u>, New-York, 1844.

- Oppenheim, M.F., <u>Die Beduinen</u>, Leipzig, 1943.

- <u>Palestine Exploration Fund,</u> Years: 1877, 1878, 1887, 1890, 1905, 1906, 1922.

- Palmer, E. H., <u>Desert of Exodus</u>, London, 1872.

- Pierotti, E., <u>Customs and Tradition of Palestine</u>, Cambridge, 1864.

- Planhot. X. de, "Geography politics and Nomadism in Anatolia ", <u>International Social Science Journal</u>, XI, No. 4, 1959.

- Robinson, E., <u>Biblical Researches in Palestine and the Adjacent Regions a Journal of Travels in the Year 1838,</u> Boston, 1856.

- Rustom, Asad, <u>Materials for corpus of Arabic documents relating to the historey of Syria under Mehemet Ali Pasha</u>, Beirut, 1930- 1933.

- Rustum, Asad, <u>The Royal Archives of Egypt and the Disturbances in palestine 1834.</u> Beirut, American press, 1938.

- Sabry, M., L`Empire Egyption Souns Mohamed Ali et la Question d`orient 1811-1849, paris, 1930.

- Sachau, E., Reise in Syrien und Mesopotameien, Leipzig, 1883.

- Salname-i Wilayet-i Suriye, Years 1299-1302H. (1881-1885).

- Scholsh, A., "The Decline of Local power in Palestine after 1856, The Case of Agil Aga", Die Welt des islams, XXIII and XXIV, 1984.

- Seetzen, V.J., Reise durch Syrien, palestina, phonicien, di Trans Jourdan, Arabia petraea Und Unter Aegypten, Vol. 2, Berlin, 1854.

- Sharon, M., "The political Role of the Bedouines in the Sixteenth and Seventeenth Centuries ", in Maoz, M., Studies on Palestine During the ottoman period, Jerusalem, 1975.

- Stephens, J. L. Incidents of Travel in Egypt, Arabia petraea and the Holy land, New-York, 1938.

- Thomson, William, The land and the Book, London, 1894.

- Turner, w, Journal of Tour in the Levant, Vol. 2, London. 1820.

- Volney, M. C., Voyage en Egypte en Syrie, paris, 1959.

▪ Zenner, W. P. "Aqiili Agha: The Strongman in the Ethnic Relations of the Ottoman, Galilee", <u>Comparative Studies in Society in Society and History</u>, 14, 1972.

الملاحق

ملحق (1) خارطة توزيع القبائل البدوية في فلسطين في نهاية الحقبة العثمانية

توزيع القبائل البدوية في فلسطين في نهاية الحقبة العثمانية

الرقم	اسم القبيلة	الرقم	اسم القبيلة	الرقم	اسم القبيلة
1	بلاونة	31	الهيب	61	قديرية
2	جعتين	32	مجاديب	62	قواش
3	ويسية	33	مدراج	63	قليطات
4	كبايرة	34	مواسي	64	رقيبات
5	منافي	35	مزاريب	65	تلاوية
6	مرازقة	36	محمدات	66	شمالنة
7	نعيم	37	منارة	67	بشاتوة
8	سبارجة	38	مريسات	68	هنادي
9	فضل	39	مريرية	69	غزاوية
10	صخور الغور	40	مشارقة	70	صقر
11	قليبات	41	ناصر الدين	71	الأمير
12	رفاعية	42	نجيدات	72	كعابنة
13	جواميس	43	نميرات	73	مساعيد
14	قميرات	44	سبارجة	74	نصيرات
15	جنادي	45	سواعد	75	السمنة
16	دلايكة	46	سياد	76	عباد
17	وهيب	47	سميرات	77	فهيدات
18	زبيدات	48	سمكية	78	صعايدة
19	زنغرية	49	سمنية	79	أبو كشك
20	حجيرات	50	سرجونة	80	أبو رواله
21	خوالد	51	غوارنة	81	الأوسي
22	حلف	52	غزالين	82	بلاونة
23	حمدون	53	عمارية	83	جبارات
24	حمامدة	54	عرامشة	84	جواميس
25	خنابزة	55	غريفات	85	جرامنة
26	حسينية	56	صبيح	86	دمايرة
27	خرانبة	57	صوانة	87	وحيدات
28	طوقية	58	صويلات	88	زويدي
29	كعبية	59	صيادة	89	حوارث
30	أكراد الخيط	60	قدوش	90	حويطات

ملحق توزيع القبائل البدوية في فلسطين في نهاية الحقبة العثمانية

الرقم	اسم القبيلة	الرقم	اسم القبيلة	الرقم	اسم القبيلة
91	حناجرة	101	عريشية	111	سواحرة
92	مواضي	102	فقارا	112	عبيدية
93	ملالحة	103	صويطات	113	رشايدة
94	نفيعات	104	قطاطوة	114	تعامرة
95	سهيلة	105	قرعان	115	حيوات
96	سوالمة	106	رميلات	116	ظلام
97	سواركة	107	شوابكة	117	سعيديين
98	سطرية	108	تركمان	118	عزازمة
99	عائد	109	جهالين	119	تياها
100	عفية	110	كعابنة	120	طرابين